Amely

Bo

Ite

Juliane von Krüdener und Kaiser Alexander - ein Zeitbild

Amely
Bo̎ite

Juliane von Krüdener und Kaiser Alexander - ein Zeitbild

ISBN/EAN: 9783741158889

Hergestellt in Europa, USA, Kanada, Australien, Japan

Cover: Foto ©ninafisch / pixelio.de

Manufactured and distributed by brebook publishing software (www.brebook.com)

Amely

Bo

Ite

Juliane von Krüdener und Kaiser Alexander - ein Zeitbild

Frau von Krüdener als Heilige.

Von

Amely Bölte.

Ein fester Glaube ist die Gesundheit der Seele.
Sanct Augustin.

Erster Theil.

Berlin, 1861.
Verlag von Otto Janke.

Erstes Kapitel.

Die Unterlassungssünden.

Wir finden den Geheimrath von Krüdener in seinem Arbeitszimmer, das Haupt gedankenvoll gestützt. Sein Haar ist ergraut, sein Auge eingesunken. Die eingefallenen Wangen sprechen von körperlichen Leiden oder tiefem Kummer. Der sonst so thätige Mann scheint allen Antheil an der Außenwelt aufgegeben zu haben und in trübsinniger Selbstbeschäftigung seine Tage hinzuträumen. „Soll ich oder soll ich nicht," murmelt er vor sich hin, und dieser Satz scheint sein ganzes Gedankenvermögen in Anspruch zu nehmen.

Sein Arzt tritt soeben bei ihm ein.

„Guten Morgen, Doctor!" sagt der Kranke, matt das Haupt erhebend und ihn mit einem fast unmerklichen Nicken begrüßend. „Wieder nicht geschlafen! Ich bin ein verlorener Mann."

Der Arzt fühlt bedenklich seinen Puls.

„Hm!" sagte er, noch prüfend. „Ich sollte denken, es müßte Ihro Excellenz besser ergehen; denn der Pulsschlag ist weniger nervös, als gestern, und auch kräftiger."

Herr von Krüdener bewegt, statt aller Antwort, nur verneinend sein Haupt.

„Excellenz müssen nur selbst wollen. Sie müssen sich durchaus zerstreuen," fuhr der Arzt fort. „So lange Ihr Gemüth nicht ruhig ist, können Sie auf keine Herstellung rechnen. Der Geist hat zu viel Einfluß auf den Körper."

„Was Sie mir da sagen, weiß ich so gut wie Sie," erwiderte der Patient, sichtlich gereizt; „doch das Unmögliche von sich fordern kann Niemand. Wer ein Damoclesschwert über seinem Haupte erblickt, kann nicht heiter über gleichgültige Dinge plaudern."

„Sie ändern damit aber nichts, Excellenz; das Unglück kommt immer noch früh genug, und wenn es da ist, dann ist es Zeit sich damit zu beschäftigen."

„Sehr weise gesprochen, mein würdiger Aesculap," sagte der Kranke mit leichtem Spotte, „sehr weise in der That; nur muß ich einwenden, daß Sie bei mir nicht ganz den rechten Punkt treffen. Es giebt auch Unterlassungssünden. Man kann sich auch Vorwürfe machen, die sich auf das Präveniren beziehen. Haben Sie nie in Ihrem Leben bedauert dies und jenes nicht gethan zu haben?" —

"Nein!" sagte der Doctor fest.

"Nein sagen Sie?" fuhr Herr von Krüdener auf. "Wie können Sie hier verneinen, wenn Sie ein wahrheitsliebender Mann sind?"

"Ich kann es, weil ich jede Reue als Thorheit verwerfe. Wer im Momente nach seiner besten Einsicht handelt, der darf nie bereuen. Sagen Sie selbst, mit welchen Empfindungen ein Arzt sonst an einem Todtenbette stehen würde. Hölle wäre ja sein Leben, tausendfache Hölle, wenn er die Einsicht, welche ihm zu spät kommt, nun noch bedauern wollte. Sie war nicht früher in ihm da; das muß ihm genügen, um anzunehmen, es habe so sein sollen und nicht anders."

Herr von Krüdener sah ihn eine Minute lang groß an; — dann reichte er ihm die Hand.

"Klar und verständig raisonnirt," sagte er. "Doch wenn nun im Momente der Handlung eine Unsicherheit in Ihnen ist, wenn Sie zwischen dem „soll ich, oder soll ich nicht" schwanken; was dann?"

"In solchen Fällen halte ich mich an Voltaire's Maxime und thue gar nichts; denn handeln, ohne die

Ueberzeugung recht zu handeln, das nehme ich nie auf mein Gewissen."

„Nun, gerade so habe auch ich gethan; und dennoch ängstigen mich die furchtbaren Folgen."

„Ein Mann, wie Sie, und nicht den Muth besitzen zu tragen, was ihm das Schicksal auferlegt?"

„Ja, wäre es für mich allein; aber meine Familie. Lieber Doctor, Sie wissen nicht, wie man da empfindet; denn Sie sind nicht Vater. — Wenn ich diese Alle mit in mein Unglück ziehen, wenn sie mit mir nach Sibirien gehen müßten? Doctor! Der Gedanke könnte mich toll machen!"

„Aber, Excellenz, ist denn der Schlitten schon vor der Thüre?"

„Es ist so gut, als wäre er schon da."

„Dazwischen liegt noch ein weiter Unterschied."

„Das scheint Ihnen so; ich aber fühle, daß ich als Hausvater meine Rechnungsbücher abschließen muß; denn den Stoß überlebe ich sicher nicht."

„Jeder denkende Mensch sollte stets auf sein Ende vorbereitet sein. Wenn Sie Ihren letzten Willen noch nicht aufgesetzt haben, so finde ich es sehr vernünftig, daß Sie damit nicht zögern, Excellenz."

„Ich habe in diesen Tagen schon viel darüber nachgedacht und indem ich so mein vergangenes Leben an meinem inneren Auge vorübergleiten ließ, sah ich ein, wie Vieles hätte anders sein können. Jeder ist doch am Ende Schmied des eigenen Schicksals, Doctor."

„Wer wollte daran zweifeln, Excellenz! Nur daß die Umstände uns das Schmieden mehr oder minder leicht, in einzelnen Fällen es sogar unmöglich machen."

„Wohl wahr, Doctor; doch, eben so oft versäumt man auch den Amboß mit starker Hand zu treffen. Das war meistens mein Fall. Namentlich in Bezug auf meine Familie. Ich war erst Diplomat und dann Hausvater. Dadurch trat ein gewisses Laisser-aller in den Beziehungen ein, das sich endlich schwer strafte. Ich bestimmte meine Gattin zu nichts; ich ertheilte ihr meinen Rath und überließ sie ihrer Einsicht. Sie sollte selbstverantwortlich werden. Es war wohl ein Bischen Egoismus von meiner Seite dabei im Spiele. Ich hätte überlegen sollen, ob sie auch fähig sei, sich selbst zu leiten."

„Ich halte die Frauen im Allgemeinen keines vernünftigen Willens fähig, weil ihre Empfindungen ihre Entschlüsse beherrschen. Doch handelten Sie nach ihrer besten Einsicht."

„Freilich! Ich kam aus Rousseau's Schule und schwärmte für das droit de l'homme; doch, die Erfahrung hat mich belehrt, die Frauen in dem Kapitel der Menschenrechte auszustreichen. Es ist wirklich nichts mit ihnen."

„Es freut mich, Excellenz endlich von dieser Wahrheit überzeugt zu sehen", sagte der Doctor lachend.

„Ich bitte aber, daß Sie dabei nicht etwa an die Fabel vom Fuchse denken, welcher die Trauben, die er nicht erreichen konnte, sauer fand. Ich habe mich nie viel um das Geschlecht gekümmert, als Geschlecht; nur in der Familie und im Salon hatte ich gern eine schöne Frau. Meine zweite Gemahlin war noch sehr jung, als ich sie heirathete. Ich bin kein Courmacher, war es nie; ich wollte ihr jedoch kein ernster Mentor sein, sie sollte mich nicht fürchten, sondern lieben. Sie sollte aus Neigung thun, was ich ihre Pflicht nannte. Vor allen Dingen aber wollte ich nicht gestört sein. Ein guter Koch, eine wohlbesetzte Tafel und meine Arbeit, das genügte mir zu meinem Wohlbefinden und sie — konnte sich indessen nach Neigung amüsiren. — Das war falsch, grundfalsch. Ich habe durch meine Tochter die Mutter verstehen gelernt; eine Frau ist nicht glücklich, wenn nicht eines Mannes Auge auf ihren Reizen verweilt und ihr sein Mund täglich ausspricht, wie schön oder wie häßlich sie sei. Sie verlangt, daß man ihren Körper beachte, und ich wollte nur ihren Geist bilden."

„Excellenz sollten diesen Kleinigkeiten jetzt nicht so viel Gewicht beilegen und weniger noch sich vorwerfen, es nicht früher schon gethan zu haben. Wenn Frauen Thörinnen sein wollen, so müssen sie es sein; kein vernünftiger Mann wird sie daran verhindern können. Das war stets so und wird auch wohl niemals anders werden."

„Das sagen Sie als Theoretiker, Doctor; bei mir ist aber ein anderer Fall vorliegend. Ich hatte ein junges Wesen mit Ansprüchen an das Glück an mein Leben gekettet und suchte nicht, sie in ihren Anforderungen zu verstehen. Ich kannte nur die meinigen, betrachtete nur die meinigen. Sie langweilte sich an meiner Seite. Sie welkte hin, dem Grabe zu. Ich ließ sie von mir ziehen. Rein und schuldlos hatte sie bis dahin an meiner Seite gewandelt, Sünde und Unrecht nur dem Namen nach kennend; fern von mir war sie allen Versuchungen Preis gegeben und — ich mußte schweigen, weil ich sie nicht geschützt. Wir trennten uns, bis unsere Kinder uns auf's Neue zu einander führten. Und jetzt, wo das Schicksal mir nun vergönnt auszugleichen, was die Vergangenheit verschuldet, wo sie in dem glänzendsten Kreise, als meine Gemahlin, alle ihre Rechte wieder erlangt; — jetzt — soll ich sie — in mein Unglück ziehen, von dem sie, fern von mir, nichts gekannt hätte, als den Bericht in den Zeitungen? Muß mich das nicht schmerzen, Doctor?"

„Es ist ja noch nicht ausgesprochen, daß Ihre Frau Gemahlin und die Kinder Ihnen nach Sibirien folgen müssen, Excellenz, gesetzt auch, Sie würden verurtheilt, dahin zu gehen."

„So müßte ich sie hier allein zurücklassen, die Kinder unter dem Schutze einer kranken Mutter, die sich selbst noch nie beschützen konnte."

„Sie müssen sich dann damit trösten, daß auch Andere schon ein gleiches Schicksal hatten. Und ist nicht Kotzebue erst eben von seinem Ausflug nach Sibirien ganz wohlbehalten in Petersburg angelangt? Wenn unser Bühnen-Dichter, ohne seine Gattin, diese Spazierfahrt unternehmen konnte, so können es auch Excellenz. Uebrigens aber dürfen Sie die Krämpfe Ihrer Frau Gemahlin nicht weiter besorgt machen. Das sind Zufälle d'une grande Dame, die nicht recht weiß, was sie mit ihrem Leben anfangen soll."

„Noch immer nicht?" —Aber, lieber Doctor, sie ist nun schon über die erste Jugend hinaus und die Gefallsucht einer Frau sollte mit den schwindenden Reizen auch schwinden."

„Excellenz rechnen da falsch. Ihre Frau Gemahlin ist noch sehr schön und anziehend, wenn auch der Teint etwas gelitten hat, wie das bei Blondinen viel der Fall ist. Ihr Alter ist dazu grade in seinem gefährlichsten Stadium; denn die letzten fünf Jahre, bis der Zenith der Vierziger herankommt, macht die schlimmsten Ansprüche, und Excellenz mögen sich da Einiges vorzuwerfen haben in Bezug ihrer Aufmerksamkeit als Gatte. Dadurch entsteht dann eine gewisse Leere im Frauenleben, ein gewisses, nun — eine Unzufriedenheit, der sich oft kein Name geben läßt, — und die Folge sind diese nervösen Zustände."

„Was läßt sich dagegen thun?" fragte Herr von Krüdener, kleinmüthig zur Erde blickend.

„Da Ihnen die Rolle des aufmerksamen, bewundernden Gatten nicht gelingt . . ."

„Sie ist für mich nur noch die Mutter meiner Kinder", fiel ihm der Patient in die Rede.

„So würde ich rathen: Veränderung des Ortes, Zerstreuung."

„Die findet sie hier doch genug."

„Diplomaten findet sie, steife Etiquette, große Diners; aber keine ungezwungene Gesellschaft von Herren und Damen, die nur liebenswürdig sind und einander gefallen wollen. Je öfter die Frau Baronin bei den diplomatischen Festen erscheint, je häufiger findet sich auch ihre Migräne ein."

"Mon Dieu! Das ist ja fürchterlich! Doch, wenn ich's überlege — da ist der Chevalier Gentz — sie kann kaum einen angenehmeren Mann finden."

"Eine Schwalbe macht keinen Sommer. Und dann wird er kaum wagen, Ihrer Frau Gemahlin den Hof zu machen. Diese Herren alle amüsiren sich in den Kreisen der jüdischen Banquiers und langweilen sich in der vornehmen Gesellschaft; wie natürlich! Denn Alles findet sich dort, nur kein Geist, und der Fortschritt der Zeit hat grade diesen schätzen gelehrt."

"Ich kann meiner Stellung nichts vergeben, ich darf an meinen Beziehungen nichts ändern, meine Frau muß das einsehen."

"Sie mag es einsehen; das verhindert aber nicht ihre Nervenzufälle."

"So muß sie sie behalten", sagte Herr von Krüdener kurz. "Was andere Frauen ertragen und sich dabei glücklich fühlen, das muß sie auch ertragen."

"Das versteht sich. Und sie wird auch nicht davon sterben."

„Sie hat nie gelernt, stolz auf ihre Stellung zu sein, das ist ihr Unglück."

„Weil sie gern die Sonne und nicht der Mond sein mag, der seinen Glanz nur von Ihnen borgt."

„Das muß aber doch jede Frau."

„Verzeihen Sie. Die Schönheit schafft ihr oft einen viel bedeutenderen Platz in der Gesellschaft, wie der Rang und die Orden des Gatten; Geist und Liebenswürdigkeit erringen die gleichen Resultate. Ihre Frau Gemahlin ambitioniren nur, wie die Frauen von Paris, durch sich selbst zu scheinen und sie verweilt nur an solchen Orten gern, wo ihr dies gelingt. Hier aber ist dazu nicht der Platz. Steife Formen beherrschen die Sprache! Die Frau Baronin hat die stete Empfindung, daß man die Wahrheit umgehe und wird dadurch verletzt. Doch, lassen wir das jetzt und beschäftigen uns mit Ihnen und den Folgen jenes unseligen Balles! Nur eine Nacht Schlaf und Sie sind ein neuer Mensch. — Fahren Sie heute einmal spazieren! Der Tag ist schön. Und räumen Sie dann meinetwegen unter Ihren Papieren auf; es wird Sie beruhigen, sie geordnet zu wissen, darum habe ich nichts dagegen. Aber geben Sie sonst keinen sorgenden Gedanken Raum. Auch das ist Pflicht, sein Leben nicht verkürzen, so lange Frau und Kinder ihre Stütze in Ihnen sehen."

Herr von Krüdener reichte ihm die Hand.

„Ich will mein Bestes thun", sagte er bewegt; „doch bin ich auf das Schlimmste gefaßt."

„Das sollte ein verständiger Mensch immer sein", versetzte der Doctor, Abschied nehmend. —

Als er die Treppe hinunterging, öffnete sich unten auf dem Vorsaal leise eine Thür und eine weiße Frauenhand winkte. Er folgte dem stummen Rufe.

„Lieber Doctor", redete ihn Sophie von Krüdener, sowie sie die Thür hinter sich zugezogen, an, „sagen Sie mir aufrichtig, wie geht es mit meinem Vater? — Sein Zustand macht mir unendlichen Kummer! Mich däucht, er verändere sich von Tag zu Tag. Und wie traurig er ist, wie schweigsam! Ach! Wenn ich ihn verlieren sollte, das wäre ein zu hartes Loos für mich! Einen solchen Vater!"

„Sie sind viel zu verständig, um sich mit nutzlosen Befürchtungen zu quälen," sagte der Doctor streng. „Von Ihnen erwarte ich, daß Sie ein heiteres Gesicht machen und ihn zerstreuen. Lassen Sie ihn so wenig wie möglich mit seinen Gedanken allein.

„Er duldet mich nur nicht im Zimmer", erwiderte

das junge Mädchen, erröthend bei der Mahnung. „Gestern sagte er mir, die Thränen in den Augen: Armes Kind! Es ist besser Dich nicht zu sehr an meine Gegenwart zu gewöhnen. Geh' in Dein Zimmer!"

„Sie dürfen solche Aeußerungen nicht zu hoch aufnehmen. Es sind die Folgen seiner schlaflosen Nächte. Sie müssen thun als hörten Sie es nicht und seine trüben Gedanken wegscherzen. Lassen Sie sich nicht abschrecken durch seine Zurückweisungen und bleiben Sie dennoch um ihn. Es ist die beste und auch die einzige Arzenei, die wir ihm reichen können, Ihr freundliches Gesicht, Ihr liebes, kluges, verständiges Wesen."

„Ich will", sagte Sophie, dem Doctor die Hand reichend und ihn dabei anlächelnd. „Alles will ich; sobald Sie nur mir versprechen, mein guter Vater solle mir nicht entrissen werden."

„Das steht in Gottes Hand", erwiderte ernst der Doctor. „Ich kann hier um so weniger ein bestimmtes Urtheil fällen, da ja nur der Geist und nicht der Körper krank ist und ich die Ursache seiner Verstimmung nicht kenne."

Sophie blickte gedankenvoll zum Himmel empor.

„Ich wünschte, ich dürfte es Ihnen sagen; allein es ist ein Staatsgeheimniß."

„Und das vertraute er Ihnen?" fragte der Arzt verwundert.

„Ich überraschte ihn, als er rathlos dasaß und nach einem Entschlusse rang. Es war ein fürchterlicher Moment. Sollte er dem Befehle seines Kaisers Folge leisten; oder sollte er nicht ausführen, was ihm aufgetragen war?"

„Und welches war sein endlicher Entschluß?"

„Das Letztere."

„Ach! Jetzt verstehe ich. Darum der Zweifel, ob der Grundsatz, nach dem sein ganz Leben geregelt, auch nicht ein Fehlgriff sei. Jetzt verstehe ich. Gut, daß Sie mir den kleinen Fingerzeig gegeben, der mich befähigt, ihm viel zu nützen; denn hier muß der Freund handeln und nicht der Arzt, hier gilt es dem moralischen Menschen aufzuhelfen."

„Ich habe ihm schon aus Schleiermacher's Predigten vorgelesen."

„Ganz gut; doch steht wohl nichts darin, was diesem wunden Fleck zur Heilung diene. Ein wenig Türkenglaube würde mehr ihm helfen, als alle Dogmen unseres Christenthums. Allein fahren Sie nicht minder damit fort; denn immer wirkt es beruhigend. Des Autokraten Willen nicht vollführen; was konnte auch zu so rasendem Be-

ginnen ihn verleiten? — Kein Wunder, wenn er darüber
den Verstand zu verlieren zittert. Allein nur Muth!
Das Schlimmste muß man tragen; doch das Beste hoffen."

Er ging. Doch kaum auf den Flur hinausgetreten,
rief eine zarte Stimme ihm nach: „Herr Doctor!" Er
sah sich um: „Ach! Sie sind es, mein liebes Julchen;
oder Mademoiselle Juliette, wie ich Sie jetzt nennen
sollte. Was wünschen Sie von mir? Wo fehlt es
Ihnen?"

Sie lachte.

„Sie sagen ja immer, mir sei nicht zu helfen, darum
will ich Ihnen auch gar nicht erst meine Leiden klagen;
aber Mama!"

„Wünsch't mich zu sprechen? — Gut! So muß
ich wohl noch ein Viertelstündchen für sie erübrigen.
Aber auch für Sie habe ich heute ein sehr gutes Re-
cept; denn Sie sehen mir etwas bleich aus."

„Es muß aber gut schmecken, Herr Doctor."

„Daran zweifle ich nicht. Es kommt nur auf den
Versuch an. Es heißt: keine Bälle mehr!"

„Oh pfui! Davon lassen Sie nur nichts verlauten
bei Mama, sonst machen Sie mich bitterböse. Hier im
Cabinet erwartet sie Sie. Aber kein Wort davon!"
flüsterte sie, die rosigen Fingerchen auf ihre Lippen drückend.

Frau von Krüdener lag auf einer Berceuse ausgestreckt, in einem halbdunkeln Gemache. Sie war noch nicht angekleidet. Eben erst dem Bade entstiegen, hatte sie nur einen weißgestickten Peignoir übergeworfen und das schöne blonde Haar hinten in einen griechischen Knoten zusammengeschlungen, aus dem einzelne Locken sich Luft gemacht, die den schneeweißen Nacken umspielten.

„Ah, reizend, gleich einer dem Schaume des Meeres entstiegenen Aphrodite!" rief der Arzt, sich vor ihr verneigend. „Excellenz sehen heute besonders wohl aus."

„Das ist Ihre alte List, Doctor, meine Klagen durch Ihr übertriebenes Lob meiner Schönheit einschläfern zu wollen; allein heute gelingt Ihnen das nicht. Kommen Sie ein Bischen näher. Da, sehen Sie nun die Blüthen in meinem Gesichte? Ist solch' ein Teint nicht unerhört? Muß ich mich nicht schämen, unter den Lebenden umherzuwandeln mit einem Gesichte tout à fait coupé-rosé." —

„Hm!" sagte der Doctor überlegend, und in seinem Auge blinzelte Etwas, das einem guten Einfalle glich, „Excellenz müssen ausfahren. Ihr Blut ist zu erhitzt. Sie brauchen Bewegung. Ich habe Herrn von Krüdener soeben dasselbe Mittel verschrieben. Das trifft sich ja vortrefflich!"

„Um seine üble Laune zu heilen? Nein, lieber Doctor, mit dem auszufahren, das hielte ich nicht aus. Er ist de mauvaise humeur, hu! und sieht Alles schwarz. Ich hoffte, daß mein Hiersein ihn glücklicher machen sollte, ich hoffte sein Leben zu verschönern, er war so entzückt von Juliette, daß ich ihm dies liebliche Kind nicht entziehen wollte; doch, wie es scheint, machte nur der Reiz der Neuheit sie ihm theuer, und täglich weniger bekümmert er sich um sie und um ihre Mutter, so daß ich wirklich fühle, er sei des Opfers nicht werth, das ich ihm bringe, wenn mein Hiersein die Saiten seiner Seele nicht höher stimmt."

„Sie dürfen nicht so streng mit ihm rechten, gnädige Frau. Er ist ein Mann der Welt und trägt auf seinen Schultern die Sorgen dieser Welt."

„Darum bedarf er meiner nicht."

„Doch, doch! Nur um so mehr; denn er ist sehr krank."

„Das ist Einbildung, Doctor; denn er kann mir kein Uebel nennen."

„Geht es Ihnen nicht mitunter grade so?"

„Mir? — Ja. — Das ist aber auch eine ganz andere Sache! Bei meinem zarten Körper afficirt mich Alles!

Und diese Sklaverei, die ich ertragen muß, martert mich zu Tode."

„Wie, wo? Sie erstaunen mich?"

„Ach! Thun Sie doch nicht, als ob Sie gar nicht wüßten was ich leide", sagte Sie ungeduldig. „Sie kennen ja mein Leben hier so gut, wie ich es kenne. Sie wissen, daß Freiheit mir Bedürfniß ist und daß der Zwang mich tödtet. Ich bin überzeugt, daß meine Haut einzig und allein diesen Makel dadurch bekommen hat, daß ich mich so gewaltig zusammengenommen, diese diplomatischen Diners zu Ende zu sitzen!"

„Das wäre wenigstens eine so neue, als eigenthümliche Wirkung solcher Gesellschaften", erwiderte der Doctor, leise spottend; „doch, wenn Excellenz so sehr daran leiden, warum wählen Sie sich nicht einen Umgang, der Ihnen besser zusagt?"

„Kann ich denn? Darf ich denn?" sagte Juliane jammernd.

„Ich glaube sicher, daß Herr von Krüdener aus Rücksicht auf Ihre Gesundheit auf Alles eingehen würde."

„Und wenn auch; so würde mich von anderer Seite her der herbste Tadel treffen, der König, die Prinzen, die ganze Hofgesellschaft würde mich verdammen und schließlich noch der Kaiser Paul mich nach seinem lieblichen Sibirien senden. Nein, Doctor, so wissentlich mag ich doch nicht in mein Verderben rennen, schon um der Kinder willen nicht."

„So könnten Sie vielleicht die Gesellschaft mischen, wie es bei der Herzogin von Kurland der Fall ist. Dort sieht man ja alle Stände vereint."

„Ja, wenn ich nicht Gesandtin wäre! — Aber meines Mannes Posten! Die Kaiserin Marie ist überdem noch mehr für mich zu fürchten, als der Gemahl; denn sie ist die Selbstverleugnung personificirt. Welchen Stein würde sie also auf mich werfen, wenn sie erführe, ich habe mich hier emancipirt? Ach! tausend Mal schon habe ich die Lust dazu verspürt, tausend Mal beschlossen, diese jüdischen Familien zu besuchen, wo der Prinz Louis Ferdinand so angenehme Abende verlebt, wo die schöne Doctorin Herz glänzt und Rahel Robert durch ihren Geist besticht. Auch Schlegel, Gentz, Nicolai, Iffland möchte ich treffen, es giebt genug talentvolle und interessante Männer in dieser Stadt, um mich angenehm zu unterhalten, Kunst und Wissenschaft sind so reich vertreten, und um so härter bleibt es, sich mit der Dummheit begnügen zu sollen, welche diese Hofgesellschaft bietet."

„Es giebt doch auch darunter Ausnahmen, wie z. B.

die beiden jungen Herren von Humboldt;" warf der Arzt beruhigend ein.

„Freilich; aber auch diese ziehen jene Kreise vor, wo man sein Bestes sagen und darauf rechnen darf, verstanden zu werden."

„Spielen Sie wieder Comödie, Excellenz! Die Rollen tragischer Heldinnen enthalten so viele schöne Stellen, daß Sie sich durch deren Mund aussprechen können."

„Ja; aber wer versteht mich? Incomprise, wie ich es auch anfange. Wie ganz anders lebt dagegen Frau von Staël, umgeben von Männern, die sie verehren und jedes Wort aus ihrem Munde, wie eine Perle, auflesen."

„So? — Aber von ihrem Gatten getrennt? Und der erste Consul scheint nicht sehr für die gelehrte Frau eingenommen, wie die Zeitungen sagen."

„Weil sie nicht schön und er ein sehr materieller Mensch ist, den Geist allein nicht fesseln kann. Dafür aber redet ganz Paris von ihr, und ihr Buch „Sur la litterature" wird verschlungen."

„Haben Sie nicht Frau von Genlis kennen gelernt?"

„Nein. Wo ist sie? Hier?"

„Ich denke ja? Sie hat meiner Tochter einige Zeit lang Französischen Unterricht ertheilt und mir recht gefallen. Es ist eine feine, sinnige Frau und voller Talent;

die, wie ich glaube, ganz zu Ihnen passen und Sie verstehen würde."

„Das scheint mir auch so. Ja, Doctor, Sie haben Recht, die wird mich verstehen. Ich fahre gleich zu ihr hin."

„So empfehle ich mich!" sagte der Arzt lächelnd und verabschiedete sich.

Zweites Kapitel.

Die innere Mission.

Die Equipage der Russischen Gesandtin fuhr in der Mittagsstunde die Behrenstraße entlang und hielt vor dem Hause Nr. 9 an. Juliane stieg hier aus und begab sich in den Hofraum, wo sie eine Hintertreppe hinaufging und an einer unscheinbaren Thüre die Schelle zog. Eine ältliche Frau öffnete.

„Ist Madame de Genlis zu Hause?" fragte sie.

„Wen soll ich melden?" lautete die Gegenfrage.

„Hier meine Karte!" sagte Juliane und reichte ein Blätchen hin, auf dem, statt eines Wappens, das Capitol *) abgebildet war.

„Wird der Madame viel Ehre sein!" erwiderte die Dienerin, zurückkehrend und die Thür des Gemaches für Juliane zum Eintritte geöffnet lassend.

---

*) Journal für Luxus und Moden.

Hier kam ihr eine schlanke Frau, von ihrem eigenen Alter, mit feinen Zügen, das Haupt mit einer Haube bedeckt, die Kleidung lose und nachläffig um sie hängend, mit dem Anstande einer Weltdame entgegen und bewillkommnete sie mit der Etiquette, der Grazie und dem Tone der besten Gesellschaft.

„Ihre Excellenz erzeigen mir viel Ehre, mich in meiner einfachen Behausung aufzusuchen", sagte sie, sich tief verneigend, mit ihrer weichen Stimme. „Die Verbannte darf kaum auf solche Güte Anspruch machen. Seien Sie mir also doppelt willkommen!"

Sie führte sie zu einem Canapé und nahm neben ihr Platz. Julianens Auge glitt über das einfach möblirte Gemach flüchtig hin, haftete eine Minute lang auf der goldenen Harfe an der Wand gegenüber und auf der am Ofen kochenden Chocolade *); dann kehrte sie zu ihrem Vis-à-vis zurück.

„Es war lange schon mein Wunsch, Sie kennen zu lernen", begann sie darauf mit der gewinnendsten Freundlichkeit; „ich habe alle Ihre Werke mit dem größten Interesse gelesen und dem Schicksale gegrollt, daß es mir ein persönliches Begegnen so lange vorenthielt."

---

*) Erinnerungen von Henriette Herz.

„Man darf den Autor nicht immer mit seinen Büchern verwechseln", erwiderte Madame de Genlis bescheiden. „Ich bin kein glänzendes Gestirn, wie die politisirende Staël, ich bin nur eine einfache Frau, die das Bestreben hat, sich selbst und Andere zu bilden, und die Mittel dazu in verschiedene Formen gekleidet niederlegt. Ich habe nie ein Mann sein wollen, wie Jene, und mich immer in den Grenzen des echt Weiblichen bewegt."

„Ihnen gefällt also die Staël nicht, wie es scheint?" fragte Juliane verwundert.

„Kein Zweifel darüber!" versetzte Madame de Genlis, mit gleich sanfter Stimme, doch bitterem Ausdruck. „Ich kenne keine mir widerlichere Persönlichkeit, bei der Alles auf den Schein berechnet ist."

„Allein ihr seltener Geist, ihre wunderbare Beredsamkeit!" brach Juliane hervor.

„So sind auch Sie von ihr bestochen worden? — So hat auch Sie dies Flittergold getäuscht?" rief Jene, lebhaft erregt. „Seltsam, wie diese Frau, ohne gründliches Wissen, ohne eigentliche Kenntnisse, zu blenden versteht! Mit ihrem Pathos, mit ihren vielen Worten kitzelt sie das Ohr, und man vergißt, indem man ihr zuhört, zu prüfen was sie sagt!"

„Aber, verzeihen Sie mir, wenn ich frage, ob Sie

hier auch wohl ganz gerecht in Ihrem Urtheil sind?" sagte Frau von Krüdener zögernd. „Wenn Sie auch die Tendenz ihrer Werke tadeln wollen, so ist man doch wohl darüber einig: Geist und Stil der Verfasserin ohne Einwurf gelten zu lassen."

„Was ist Geist und Stil, wenn der Zweck eines Buches nicht lobenswerth ist?" rief Frau von Genlis lebhaft. „Die Bestimmung der Frau ist: bildend und veredelnd zu wirken, und mit Wahrheit kann ich von mir sagen: diese Aufgabe nie aus den Augen verloren zu haben. Dennoch will diese Staël sich mir an die Seite stellen, ja wohl gar beanspruchen, noch vor mir ausgezeichnet zu werden! Ich kann nicht sagen, wie tief mich dies kränkt! Es liegt ein Undank darin, den ich meiner Nation nicht und weniger noch Deutschland verzeihe, das ein völlig unparteiischer Richter sein sollte. Wie schwer mich auch das Schicksal geprüft hat, so finde ich hierin doch die herbste Probe für meine Geduld!"

„Wie schön Sie sprechen", sagte Juliane, ablenkend, „Ihre Worte sind so rein und fein accentuirt, als ob die Bühne Ihre Lehrmeisterin gewesen wäre."

„Die des Lebens ganz gewiß; denn j'ai joué toute ma vie la comédie *)", versetzte Madame de Genlis

---
*) Henriette Herz.

milder. „Meine Vergangenheit ist Ihnen bekannt; denn die Welt war ja Zeuge alles meines Thuns, wie das bei berühmten Personen nicht anders sein kann, und ich bin stolz darauf, daß mich eine glänzende Stellung nicht erhöhen und der mühsame Erwerb meines Unterhaltes auf fremdem Boden mich nicht erniedrigen konnte. Man vermochte mir Alles zu rauben; doch meine Talente blieben mein."

„Sie haben davon einen ehrenvollen Gebrauch gemacht, Madame, und viel zu unserer Bildung beigetragen, indem Sie so manche Damen Berlin's gelehrt, Ihre Dichter richtig zu lesen; auch ich wollte eigentlich die Bitte aussprechen, von Ihnen noch darin profitiren zu dürfen, wenn es nicht unbescheiden wäre, Ihre Zeit in Anspruch zu nehmen."

„Es ist mir eine Freude mitzutheilen, was mir die Natur und eigener Fleiß an Gaben verliehen; doch fürchte ich jetzt nicht lange mehr dieses Vorzugs Ihnen gegenüber genießen zu können; denn Excellenz haben vielleicht noch nicht erfahren, daß mir die Rückkehr in mein Vaterland vom ersten Consul gestattet worden ist?"

„In der That?" Wie glücklich werden Sie sein, die Heimath wieder begrüßen zu dürfen!" rief Juliane mit warmer Theilnahme.

„Glücklich und auch nicht glücklich, Madame; denn ich werde mein Frankreich nicht wiedererkennen. Alle meine Beziehungen sind zerstört, Philipp und Adelaide von Orleans leben verbannt, sie sind arm, wie ich es bin, und in Paris, wie hier, bin ich auf mich selbst angewiesen, meinen Unterhalt zu bestreiten. Indessen genieße ich fortan des Vortheils, meine literarische Thätigkeit wieder aufnehmen zu können, und da mir diese Beschäftigung zugleich die größte innere Befriedigung gewährt, so knüpfe ich die angenehmsten Erwartungen daran."

„Das glaube ich Ihnen! Eines Talentes wegen geliebt, gesucht, geschätzt zu werden, ist ein schönes Glück. Was ist Schönheit? Madame, Eine Blume, die jeder scharfe Hauch zu knicken vermag, und wie vielen Stürmen ist unser Frauenleben nicht ausgesetzt! Wie selten werden wir verstanden? — Und wie viel seltener noch finden wir das von uns ersehnte Glück! — Dann muß es ein großer Trost sein, die innersten Gefühle seines Herzens dem Papiere anvertrauen zu können, und bitter beklage ich jenes la vie mondaine meiner Stellung, wodurch mir Zeit und Muße geraubt wird, meinen Empfindungen eine Form zu leihen. Ach! wüßten Sie nur, wie mich diese Lage meines Lebens in der großen Welt anwidert; Sie würden mich wahrhaft beklagen!"

„Wenn eine Fremde sich gestatten dürfte, mit solchen Empfindungen vor Ihre Excellenz zu treten", sagte Frau von Genlis, die Augen niederschlagend, mit eigenthümlichem Lächeln.

„Es wird mir eine Wohlthat sein, erkannt, verstanden zu werden!" rief Juliane, den Blick empfindsam nach der Decke emporrichtend. „In mir ist Alles Wahrheit, lautere Wahrheit. Einem reinen Bergquelle gleich, rieseln meine Empfindungen, dem Schönen zustrebend und die Kiesel vermeidend, welche mir den geraden Weg zu tausend Krümmungen verengen, und diese Kiesel: das ist die Lüge. Zu scheinen, was ich nicht bin; zu sagen, was ich nicht denke: ist meiner Natur ein Zwang, der mich tausendfach mordet. Ich glaube an das Gute und an eine höchste Vollkommenheit, wie ich an einen Gott glaube, und Alles in mir strebt aufwärts. Mit diesem Sinne nun, diesem Sehnen, diesem Streben, an eine materielle Welt gebunden sich fühlen, ist Hölle schon, und täglich mehr erkenne ich, wie wenig ich dieser Welt angehöre."

„Das ist die uns auferlegte Prüfung", erwiderte Frau von Genlis, sie mit schlauem Blicke und halb versteistem Lächeln messend, „den Himmel in der eigenen Brust tragend, die Sünden der Welt zu bekämpfen. Das ist die Mission der begabten Frau."

„Sie haben das rechte Wort getroffen", rief Juliane, ihr entzückt die Hand drückend. „Den Himmel in der eigenen Brust tragend die Sünden der Welt zu bekämpfen! So hat noch Niemand den in mir herrschenden Zwiespalt erklärt! Ja, Sie verstehen mich."

„Wie mich selbst", sagte Frau von Genlis mit dem nämlichen Ausdrucke der Mienen. „Ideale Naturen verstehen sich leicht; doch um so schwerer wird es ihnen, das Leben im Allgemeinen zu fassen, weil das Streben der Menge ihnen nicht sympathisch ist. Die Menschen werden mehr und minder durch ihre schwache Seite beherrscht und ihre Jahre vergehen in dem Bestreben, diese kranke Lücke ihres Wesens auszufüllen; das gelingt ihnen nun so wenig, wie es mir gelingen würde, den Mond vom Himmel ziehen zu wollen. Meine Mission war es daher, diese Schwäche zu erläutern, und darum schrieb ich meine „Veillées du châteaux", die Ihrer Excellenz vielleicht bekannt sind."

„Wie können Sie daran zweifeln?" sagte Juliane lebhaft.

„Nun denn; so werden Sie meinen Wunsch darin erkannt haben, die Menschen mit sich selbst zu versöhnen, indem ich sie mahnte, ihrer vorherrschenden Leidenschaft zu entsagen, die eigentlich eine Charakterschwäche ist; und in diesem Bemühen, — ob es nun Früchte getragen oder nicht, das bleibt dasselbe — in diesem Bemühen trete ich dem größten Lehrer und Beglücker der Menschen an die Seite; denn auch Christus wollte ja nur uns mit uns selbst versöhnen und dadurch erst mit Gott."

„Das ist ein großes, ein wahres Wort, Madame, womit Sie tief in meine Seele greifen! Versöhnen! Ja, versöhnen mit sich selbst, möchte ich auch die Menschen, und werde zu Gott beten, daß er mich dazu erleuchte und mir den Weg bahne. Ja, ja! Das ist es — Sie haben einen ganz neuen Gedanken in meine Seele gelegt. — Immer suchte ich und suchte, was mit dem Leben zu beginnen sei; denn es abspinnen, wie gewöhnlich Frauen es thun, indem ich Mann und Kindern diente, das befriedigte mich nicht, ja, empörte mich oft, als meiner unwürdig. Ich mußte etwas Besonderes sein, wenn ich mir selbst gefallen wollte, und sah doch nicht ein, woraus dies eigentlich bestehen konnte; allein jetzt ist mir es plötzlich klar geworden. Durch das, was ich innerlich bin, muß ich wirken, meine Seele, die tiefsten Empfindungen meines Innern, muß ich der Welt offen legen, damit sie sich in dieser Reinheit, wie in einem Spiegel, beschaue und das zu sein, zu werden strebe, was ich durch Gottes Güte bin. In Ihrer Gegenwart ist es mir plötzlich wie

Schuppen von den Augen gefallen und klar erblicke ich vor mir den zu wandelnden Pfad. Ich muß der Menschheit den Weg zeigen."

„Der wiederum manchen Irrthum in sich schließen wird, wie das mit unserer menschlichen Existenz verbunden ist", sagte Frau von Genlis; „doch darf man sich in seiner Aufgabe nicht stören lassen."

„Ich habe eine Herzensgeschichte zu schreiben angefangen, welche die Liebe schildert, wie wir sie vorempfinden, bevor wir von dem Baume der Erkenntniß genossen, und ich würde Ihnen dankbar sein, wenn Sie mir gestatten wollten, so weit ich damit vorgerückt, sie Ihnen vorlesen zu dürfen. Da ich sie Französisch schreibe, weil mir diese Sprache besser gefällt, als die hart klingende deutsche, so kann ich mich damit vor keinen competenteren Richter stellen, als wie Sie es sind, da sie in der Harmonie des Stiles so unvergleichlich dastehen."

„Diese Artigkeit aus Ihrem Munde ist mir um so wohlthuender, weil es bei Ihnen wahre Ueberzeugung ist, Madame; denn Sie können nicht lügen, also auch nicht schmeicheln. Wenn Sie mich der Mittheilung würdigen wollen, so stehe ich gern zu Ihren Diensten; doch glaube ich kaum, daß Sie meines Rathes dabei bedürfen werden. Wen die Natur so reich ausgestattet hat, der kann nur das Vollendete schaffen. Man wird es Ihnen hier aber verargen, daß Sie Ihr erstes Werk auf fremden Boden verpflanzen, fürchte ich."

„Man verdient die kleine Strafe; denn man verkennt mich hier und tadelt, daß ich anders bin, wie Viele. Auch hat nur Mutterpflicht mich nach Berlin zurückgeführt; denn dieser kalte, graue Himmel, unter dem man so viel denkt und so viel lernt, daß zum Empfinden keine Zeit bleibt, sagt mir durchaus nicht zu. Ich schließe, wie die Sensitive, mich in mich selbst zusammen vor diesen Predigern der reinen Vernunft, die dem Menschen einen Willen einreden soll, durch den er sein eigener Sklave werde und in sich selbst den schlimmsten Richter finde. Sie haben wohl nur wenig von der eigentlichen Gesellschaft Berlin's kennen gelernt, Madame und sind diesem zersetzenden, analysirenden Geiste fremd geblieben, der wie ein Wind der Wüste jede Blüthe der Empfindung ertödtet; denn Sie fanden Frankreich hier durch die Emigration so reich vertreten, daß Sie uns entbehren konnten! Sie haben also nicht bemerken können, wie wenig man sich in dieser Stadt zu amüsiren versteht."

„Ich habe, wenn nicht aus Neigung, doch aus Nothwendigkeit, viel mit den Einheimischen verkehrt", erwiderte Madame de Genlis vorsichtig; „auch manche recht angenehme Bekanntschaft unter ihnen angeknüpft, wie z. B. die Doctorin Herz, die so schön als geistvoll ist; nur kann sie unsere Tragödien nicht lesen lernen; denn es fehlt ihr dazu der Aufschwung, der Pathos."

„Weil sie Jüdin ist, ohne Zweifel. Den Makel dieser Geburt wäscht keine Erziehung ab. Auch ich habe sie sonst schon rühmen hören."

„Dann Sophie Bernhardi, eine sehr gescheute Dame und vor Allem die kleine Rahel Robert, welche gut französisch spricht und von Geist sprüht."

Hier wurden sie durch den Eintritt einer jungen Person unterbrochen, die unangemeldet in das Zimmer kam und doch, ihrem Anzuge nach, nicht zum Hause gehörte. Sie schien rasch gegangen zu sein, lebhaftes Roth färbte die vollen Wangen und die kurzen blonden Locken flatterten über die Stirn, als ob ein Sturmwind sie zerzaust. Ohne die fremde Dame zu beachten, stürzte sie auf Frau von Genlis zu, kniete vor ihr hin und küßte lebhaft ihre Hände. „Drei Tage, drei ewig lange Tage Sie nicht gesehen, das ist Hölle!" rief sie leidenschaftlich dazwischen aus. „Wie Sie kennen und lieben Eins ist; so auch ist ohne Sie zu leben: Tod."

„Wieder ohne Handschuhe?" erwiderte Frau von Genlis mit leisem Vorwurf. „Doch, stehen Sie auf!

Ich will Ihre Excellenz bitten, Sie vorstellen zu dürfen. Die Enkelin der Dichterin Karschin, Wilhelmine von Hastfer, die das Talent ihrer Großmutter geerbt hat"; wandte sie sich gegen Juliane. „Setzen Sie sich nun, uns gegenüber.. So! Die junge Frau ist ein halbes Kind und darum unfähig, einzusehen, daß sie vor Fremden nicht so rücksichtslos ihrer Liebe zu mir Worte leihen dürfe."

„Ich möchte diese Natürlichkeit ihres Wesens an ihr loben", fiel Juliane ein. „Auch ich war einst, wie sie, und brachte dadurch oft eine bezaubernde Wirkung hervor. Ich habe darum meiner „Valérie" ein solches Naturel geliehen."

„Wenn man reich und unabhängig ist, darf man sich selbst genügen wollen; Wilhelmine aber ist nicht so glücklich gestellt. Indem sie mit ihrem Lieben und Hassen hervortritt, wird sie nur zurückgewiesen und verdirbt ihre Stellung."

„Man muß Gott mehr gehorchen als den Menschen, — dem Gotte in seiner Brust — und der gebietet mir vor Ihnen in den Staub zu sinken und zu gestehen: daß Ihr schönes Auge mich entzückt!" rief Wilhelmine von Hastfer, vor der Russischen Gesandtin ihre Kniee beugend. Juliane neigte sich zu ihr herab und hauchte einen Kuß auf ihre Stirne. „Sie sind ein liebes Kind!" sagte sie, freundlich ihre Blicke auf sie richtend. „Und Sie dichten?" „Ich singe, wie der Vogel singt, wenn er auf seinem Zweige sich in dem reinen Aether wiegt. Ich singe, so oft das Herz mir höher schlägt und mir ein Wesen naht, an dessen Brust ich ruhen und flüstern möchte: „„Nimm mich! Nimm mich hin; so wie ich bin, gehör' ich Dir."" Und dieses Wesen sind Sie heute!"

„Und morgen?" fragte Juliane schelmisch. „Morgen denken Sie. nicht mehr an mich?"

„Kann sein; — ich weiß es nicht. Der nächste Tag ist heute ja noch nicht mein Eigenthum und was er bringt, muß ich erwarten. Was heute mir gefällt, gefällt mir auch wohl morgen noch; doch, wenn ich's nun nicht vor mir sehe?"

„Sie macht sich schlimmer, als sie ist", sagte Frau von Genlis mit etwas umdüsterter Miene, die den inneren Verdruß leise kund gab. „Sie kann auch anhänglich sein; denn sie will mir nach Paris folgen und zwar aus reiner Zuneigung."

„Das ist hübsch von Ihnen!" rief Juliane lebhaft. „Wäre ich frei, so würde auch ich mit Madame de Genlis jedes Schicksal gern theilen; nur um mich in ihrem Geiste zu sonnen!"

„Ich will ihr Mond sein, will, wie eine Luna, sie umkreisen, und nicht Vater und Mutter, sondern einen Gatten im Stiche lassen, um bei ihr frei zu leben!" rief Wilhelmine lebhaft. „Der gute Jean Paul Richter hat mir darüber gestern Abend eine Strafpredigt gehalten, als wäre er Siebenkäs und ich Lenette; sowie er aber fertig war, erwiderte ich ihm: es helfe doch Alles nicht, Niemand könne seinem Geschicke entgehen, und das meinige treibe mich das zu thun, was die Welt unvernünftig nenne. Da lachte er und ließ mich gehen. Ich bin nun einmal nicht wie Andere!"

Juliane erröthete. Die letzten Worte der jungen Frau trafen sie wie eine Beleidigung; denn auch sie hatte das Nämliche so häufig zur Entschuldigung ihres Thuns angeführt. Der feinen Beobachterin neben ihr entging diese augenblickliche Verwirrung nicht und mit geheimer Bosheit sagte sie darauf:

„Excellenz sehen diese junge Dame auf der ungeregelten Bahn eines Kometen. Sie weiß nicht wohin mit sich selbst, und man geht nie weiter, als dann, wenn man sich kein Ziel gesteckt hat. Sie ist g a n z N a t u r!"

„Das loben Sie doch hoffentlich?" fragte Juliane, bemüht ihre Empfindlichkeit zu verbergen.

„Wie können Sie daran zweifeln, Madame! Denn auch ich bin bei Rousseau in die Schule gegangen und habe mir kürzlich die „Lucinde". von Schlegel verdolmetschen lassen. Doch möchte ich dem kleinen Wildfange gern die Flügel da beschneiden, wo er über die Grenzen des Schönen hinaus seinen Flug nimmt. Die Natur hat ihre bestimmten Gesetze, die Kunst ihre engen Formen; unser Leben ist das Eine und soll das Andere werden. Ich wünsche also, daß auch sie den Meißel führen lerne und sich selbst erziehe. Das findet sie bis jetzt noch äußerst unbequem und spricht von Heuchelei und Zwang und Falschheit, wo ich die kluge Vorsicht des in sich gesammelten, nach Harmonie strebenden Geistes sehe; denn was auf Deutsch Sie Bildung nennen, ist doch nur diese Einheit mit sich selbst."

„Ich will ja Alles, was Sie wollen!" rief Wilhelmine von Haslfer, aufspringend und beide Hände der Frau von Genlis zärtlich küssend; „ich bete Sie ja an, und Alles was Sie von mir wünschen, ist mir ja Gesetz; wie Sie zu werben und wie Sie zu schreiben, mein höchstes Ziel!"

„Sehen Sie!" wandte sich die Französin jetzt freundlicher gegen Juliane zurück; „auf diese Weise besticht sie mich und schläfert meine Sorge um sie ein. Ihre

Frische, ihr leicht erregbares Gefühl haben etwas Wohl=
thuendes und berühren um so angenehmer hier, wo, wie
Excellenz ganz richtig bemerkten, die reine Vernunft die
natürlich kalte Atmosphäre jetzt alle Tage mehr abkühlt.
Doch möchte ich lieber unser französisches juste milieu
ihr und Allen wünschen."

„Wollen Sie aber einem Talente nicht gestatten sich
von den kleinen Regeln des conventionellen Lebens frei
machen zu dürfen?" fragte Juliane mit theilnehmendem
Blicke auf den ungeregelten Schützling.

„Nicht gern!" erwiderte die berühmte Frau, mit
ihrem früheren schlauen Lächeln; „car cela ne vaut
pas la chandelle. Es erregt viel Kampf um nichts.
Die Zeit verwendet man besser auf die Erwerbung von
nützlichen Kenntnissen. Ich habe viel gelernt, und auch
Wilhelmine sollte sich bemühen nach wirklichem Wissen
zu streben. Kennen Sie meine Geschichte des Chine=
sischen Reiches? Zu so Etwas gehören Studien. Eine
Staël hat sich mit dergleichen nie befaßt, darum wird
mein Ruf auch den ihrigen überleben."

„Ich kann nicht aus Büchern lernen!" rief Wilhel=
mine bittend. „Was Sie sagen, das fasse ich, begreife ich und präge ich mir ein; denn mein Herz lehrt
es mich; mein Verstand allein vermag aber nichts in

sich aufzunehmen. Da müssen Auge und Ohr wenigstens die Boten sein und ziehende Wolken, säuselnde Lüfte, rauschende Bäche zu mir reden; die bloßen Buchstaben sind kalt und stumm."

„Die Phantasie begabt sie mit warmem Leben," sagte Frau von Genlis kopfschüttelnd; „nur muß man sie gewähren lassen wollen."

„Ich verstehe Sie ganz, meine Liebe," sagte Juliane, sich erhebend, und Abschied nehmend. „Auch Sie gehören zu jenen Wesen, für welche dies Leben nicht geeignet ist! Meine besten Wünsche bleiben Ihnen zurück! Sie aber, theure Frau von Genlis, bitte ich um Nachsicht für dies liebe, junge Wesen, das zu Ihrer Höhe hinanstrebt, die doch unerreichbar ist. Wie danke ich Ihnen für diese schöne Stunde, in der ich Gelegenheit gefunden Ihren Geist mehr noch zu bewundern, wie in Ihren Werken; denn das lebendige Wort erhöhte noch den Reiz! Leben Sie wohl!"

„Und Sie gedenken Ihres Versprechens mir Ihr interessantes Werk über eine unschuldige Liebe mittheilen zu wollen?" fragte Jene, mit ihrem glatten Lächeln.

„Ich werde mir erlauben Sie recht bald um eine Stunde dazu zu ersuchen," sagte Juliane, Beiden noch einmal zugleich ihre Hände zum Abschiede reichend und ihnen verbindlich zunickend. Dann eilte sie ihren Wagen zu gewinnen.

„Die eitelste Person, welche ich in meinem Leben zu Gesichte bekommen," flüsterte Frau von Genlis ihr nach, sowie die Thür sich schloß.

Juliane kehrte ebenfalls in nicht befriedigter Stimmung heim. Sie war bei weitem nicht erkannt worden, wie sie es erwartet hatte, und eine geniale Frau, die von Regeln und Formen sprach, erschien ihr ein bloßer Blaustrumpf zu sein, dem die Natur nichts als ein gutes Gedächtniß verliehen. „Wieder eine Täuschung," sagte sie sich, als der Diener den Schlag öffnete und sie verstimmt in ihr Haus trat. Hier herrschte die größte Bestürzung. Auf allen Gesichtern las sie, daß etwas Ungewöhnliches sich ereignet; während doch Niemand ihr Rede stand. Ein Arzt war geholt worden. „Für wen?" fragte sie bestürzt und dachte an Juliette.

„Seine Excellenz sind unwohl," hieß es zurück.

„Wie? So plötzlich? Er ist doch nicht vom Pferde gestürzt?" fragte sie verwundert.

„Seine Excellenz sind gar nicht ausgeritten, weil grade ein Courier von Petersburg eintraf, als das Pferd vorgeführt wurde", erwiderte ihr der Portier.

Juliane begriff nun, es sei irgend eine politische Neuigteil von Wichtigkeit eingelaufen, oder auch — die von ihrem Gatten befürchtete Ungnade zur Wahrheit geworden. —

Sie eilte in sein Zimmer hinauf. Er lag auf seinem Bette, der Arzt war um ihn beschäftigt und winkte ihr, den Finger auf den Mund legend, sich fern zu halten. In sein Arbeitszimmer zurücktretend, gewahrte sie auf seinem Schreibtische einen soeben eröffneten Brief. Sie vermuthete, dessen Inhalt sei die Ursache von dem Uebelbefinden ihres Gatten, und seiner oft ausgesprochenen Furcht vor Sibirien gedenkend, griff sie mit zitternder Hand danach und durchflog eilig das Schreiben. Es war vom Kaiser Paul selbst abgefaßt und lautete:

„Ich wußte wohl, daß Sie ein vortrefflicher und „eifriger Diener Ihrer Krone waren; doch daß Sie „auch eben so liebenswürdig und galant für Damen „bemüht sein könnten; das vermuthete ich nicht, bis „meine Tochter Helene*) mir das köstliche Fest beschrieb, das Sie ihr zu Ehren gegeben." —

Frau von Krüdener warf das Blatt unmuthig hin. Das konnte ihren Gatten nur erfreuen und über seine Stellung beruhigen, unmöglich aber einen solchen Zufall

---

*) Herzogin von Mecklenburg-Schwerin.

herbeiführen. Sie aber hatte alle Ursache unzufrieden damit zu sein; denn von ihr schien gar nicht die Rede, während sie doch die Anordnung getroffen, das Festspiel geleitet, kurz, die Seele des Ganzen gewesen war. Die Großfürstin Helene mußte das zu erwähnen vergessen haben. Das war nun der Dank für diese Mühe! Ihr Gatte erhielt alles Lob, während sie es allein verdient zu haben meinte! Sie grollte ihm, sie grollte dem Kaiser, seiner Tochter und aller Welt. Nie wurde sie erkannt, nie nach Verdienst geschätzt.

In dieser Laune unterbrach sie der Eintritt des Arztes.

„Es geht etwas besser!" sagte er trostvoll, sich ihr nähernd, um ihre Sorge zu beschwichtigen.

Juliane hatte in ihrem Verdruß fast vergessen, um was es sich handele und sah ihn mit umdüsterter Miene an; er nahm das für eine Frage, und auf seine Stirne deutend, fügte er hinzu: „er muß sich sehr ruhig halten, sehr schonen. Der plötzliche Andrang des Blutes zum Kopfe bei Eröffnung der Depesche hat ihm einen Schwindel verursacht, und kehren solche Zufälle wieder, so werden sie tödtlich. Vor allen Dingen also muß er Gemüthsbewegungen vermeiden."

„Eine solche lebhafte Freude hat ihm das Lob des Kaisers verursacht, daß er davon krank geworden ist?"

fragte sie halb spöttisch und entfernte sich; denn es schien ihr ein Uebel nicht von Bedeutung, das solchem Grunde entsprang, und sie hielt nur sich für zu beklagen, nicht ihn. Daß ein Schwindel mit dem weniger schonenden Worte Schlagfluß benannt werden konnte, war ihr eine ganz fern liegende Idee, welche auch nicht einen Augenblick in ihre Seele kam.

Ihre Stieftochter und Juliette begegneten ihr auf der Treppe, von einem Spaziergange zurückkehrend. — „Geht jetzt nicht zu Eurem Papa hinauf!" rief sie den Mädchen zu; „er soll ruhen. Die Freude hat ihn angegriffen, — vielleicht auch der Verdruß, sich und uns seit Wochen mit einer Sorge gequält zu haben, die sich nun als völlig grundlos erweist; denn der Kaiser ist ihm sehr gewogen und lohnt ihm mit Ehren und Orden, während er für mich kein Wort des Dankes hat. Wir Frauen werden immer übersehen. Ihr wißt doch, wie viel Mühe und Sorge uns dies Fest verursacht hat, und nun ist von mir so wenig die Rede, als ob es ohne mich geschehen wäre."

„Wie undankbar!" rief Juliette aus und liebkoste ihrer Mutter. Auch Sophie stimmte dieser Klage bei und nannte diese mangelnde Anerkennung eine Ungerechtigkeit. Beruhigt durch dies Beileid, lächelte Frau von

Krüdener wieder freundlich, forderte die jungen Mädchen auf, ihre warme Bekleidung abzulegen und dann in ihr Boudoir zu kommen und ihr vorzulesen. — Sie hatte die Gedanken von La Rochefoucault zugesandt erhalten und eine Ausgabe der Werke Saint Martin's erstanden; aus denen sie Trost gegen die Prosa des Lebens und den Undank der Welt zu schöpfen gedachte.

Drittes Kapitel.

Eine Russische Nacht.

Wo Peter der Große einst sein Sommerhaus errichtet, um von da aus dem Bau einer werdenden Stadt zuzusehen, war von seinem Urenkel Paul ein prachtvoller Palast erbaut worden, dessen feste Mauern, auf einem Moraste ruhend, ein Bild jener trügerischen Größe abgaben, die das Auge besticht, während sie vor dem Gedanken in ein Nichts zerfällt.

Tiefe Gräben umgaben das weite Bauwerk, und hohe Mauern und Wälle schloßen es festungsartig ein, während es in seinem Innern ein Labyrinth von düsteren Irrgängen und sich windenden Corridoren bot, deren gemeinsames Endziel eine Wachstube war, wo Nacht und Tag ununterbrochen ein Corps de garde sich aufhielt und von Stunde zu Stunde regelmäßig fort die in dem ganzen Gebäude vertheilten Schildwachen ablöste. Wohin man hier blickte, gewahrte man Soldaten; auf jeder Treppe, in jedem Vorzimmer, ja bis an die Schwellen der Salons, stieß man auf Uniformen und blitzende Waffen und wähnte sich endlich in eine große und prächtige Kaserne versetzt, während man den Lieblingsaufenthalt des Sohnes der Großen Catharina, den prachtvollen Michailow'schen Palast in Wirklichkeit betreten hatte.

Starke Wälle sind noch nie dem Tyrannen eine Schutzwehr gewesen.

Paul der Erste hatte den Winter-Palast verlassen und dies sein Feenschloß bezogen, von dessen dicken Mauern das Wasser herunterrieselte; doch wenig kümmerte ihn das Ungesunde dieser Wohnung, so lange er darin ein sicheres Versteck zu finden glaubte. Freudestrahlend zeigte er es seinen Gästen, ließ Fremde die Schätze von Marmor und Bronce betrachten, die er aus Rom und Paris verschrieben, und sein Ohr durch den Ausruf kitzeln, so Etwas existire in der ganzen Welt nicht weiter. *)

Bestochen durch der Schmeichler verführerische Rede, glaubte er endlich ein achtes Wunder der Welt errichtet zu haben, und um nun auch Jene, die nicht so glücklich, in Petersburg persönlich diese Herrlichkeit beschauen zu können, durch ihre Phantasie hier mitbewundern zu lassen;

---

*) Kotzebue: Das merkwürdigste Jahr meines Lebens.

trug er dem deutschen Bühnendichter Kotzebue auf, — wahrscheinlich zum Lohne für die kleine Reise nach Sibirien, die jener soeben in seinem Auftrag glücklich überstanden — eine Beschreibung aller Schönheiten dieses modernen Labyrinthes zu entwerfen.

Vielleicht hätte dieses Werk dem armen Kotzebue eine zweite Reise nach Tobolsk eingebracht, wäre er nicht glücklicher Weise so weitschweifig mit der Abfassung verfahren, daß die Vollendung nie erfolgte. Täglich sah er den Kaiser und täglich erwiderte er auf dessen Frage, wie weit die Arbeit vorgerückt: es könne ein so großes und einziges Werk nicht schnell seiner Vollendung entgegenreifen, und ein freundliches Nicken wurde ihm dann zur Antwort. — Dies Nicken, welche trostreiche Ermuthigung enthielt es für ihn!

Auch am Morgen des 11. März 1801 hatte er dem Bühnendichter bei seiner Kunstkritik wieder so zugenickt, als er ihm auf der Paradetreppe neben der Statue der capitolinischen Kleopatra begegnet, und zwar heute ihm doppelt freundlich zugenickt, weil er von ihm vernommen: es sei das Werk nun bald vollendet.

In Begleitung des Grafen Kutaissow stieg der Kaiser die Treppe hinauf und Kotzebue blieb unten stehen, bis der Autokrat in seinen Gemächern verschwunden.

Sie hatten sich zum letzten Male gesehen.

Der Argwohn des Kaisers erstreckte sich lange schon auf Alle; selbst die Glieder seiner eigenen Familie waren davon nicht ausgenommen, er speisete nicht mehr mit seiner Gemahlin, sah sie nur selten und ließ sich, nachdem er den Abend im Kreise der Fürstin Gagarin zugebracht, von einer alten corpulenten deutschen Köchin, der er neben seinem Schlafgemache ein Boudoir erbaut, wo er ihre Kunst beaufsichtigen konnte, sein Nachtmahl vorsetzen.

Heiter und mit vorzüglichem Appetit sprach er auch heute den Gerichten zu; denn in seiner Seele war ein Entschluß gereift, er wollte eine große That vollbringen und der Gedanke daran erhöhte seine Lebensgeister.

„Il faut frapper un grand coup!" hatte er mehrere Male während des Abends im Kreise seiner fürstlichen Freundin ausgerufen, ohne zu bemerken, welche Wirkung seine Worte auf die Anwesenden hervorbrachten.

Er entkleidete sich jetzt, setzte eine Schlafmütze auf und legte sich in dem kleinen Feldbette zur Ruhe, das in der Mitte seines weiten Gemaches stand und durch den Druck einer Feder am Boden zu öffnen war, so daß er sich damit in die untere Etage, die sein ältester Sohn Alexander bewohnte, zu versenken vermochte. —

Finstere Gedanken waren in seiner Seele, während der leichte Traumgott seine Lider beschwerte, und was man auch von Ahnungen sagen möge, ihm flüsterte in dieser Stunde sein Genius nicht zu, sich wachzuhalten. Tiefer wurden seine Athemzüge, höher hob sich seine Brust, noch einmal murmelte er: „Il faut frapper un grand coup", dann waren seine Gedanken entflohen und die heilige Ruhe des gesenkten Auges störte selbst kein Traumbild erschreckend mehr.

Im Palaste war es still geworden, Wachen gingen, Wachen kamen, nach gewohnter Weise. Von der Kirche des heiligen Isaac tönten dumpf die Schläge der Mitternacht mit feierlichem Klange durch die dunkele, schaurige Nacht. Auch die Kaiserin, im anstoßenden Gemache ruhend, löschte jetzt ihre Lampe aus und empfahl ihre engelreine Seele dem Herrn.

Nur in der unteren Etage bei dem Czarewitsch bemerkte man noch Licht. Alexander, sein Bruder Constantin und deren beide Frauen waren heute beisammen geblieben. Der Erstere saß abgesondert von den Uebrigen, das schöne Haupt in die Hand gestützt, in tiefes Sinnen verloren. Die sich widersprechendsten Empfindungen durchkreuzten seine Brust und vergeblich suchte der junge Mann die Stimme in sich zu vernehmen, welche zum Richter der eigenen Gedanken wird. Jenes Muß, welches Pflicht und Vernunft in uns erzeugen und dadurch ein bestimmtes Wollen, eine durch Nothwendigkeit bedingte That hervorbringen, war ein ihm fremdes Element, und unglücklich der, welcher so zwischen dem „soll ich? soll ich nicht?" auf dem Meere des Lebens schwimmt, und tausend Mal beklagenswerther, wer so das Ruder eines Staates von vierzig Millionen in die Hand nehmen soll.

Die seltsamen Launen seines Vaters hatten Alles erschöpft, was zu ertragen möglich war; man sann auf Abhülfe und forderte von dem Thronfolger seine Einwilligung, Paul zu der Unterzeichnung einer Abdankungs-Urkunde zu zwingen. Graf Pahlen, der vertrauteste Diener des Kaisers, leitete die Conspiration und bewog Alexander, ihm seine Stimme zu geben, durch das Vorzeigen eines Verhaftbefehles, der ihn selbst, sowie seine Mutter und Geschwister traf; doch unter Vorbehalt der Schonung von seines Vaters Leben.

Die Stunde nahte, wo man dem Kaiser diese Acte vorlegen wollte, und einmal noch, bevor sie schlug, ließ Alexander an seinem inneren Auge vorübergehen, was er als Mensch gewünscht, gehofft und ewig nun entbehren sollte. Sophie Narischkin trat vor seine Seele. Wieder sah er sie, in Jugendschönheit, als Hofdame seiner Großmutter, in den Gärten von Zarskoje-Zelo wandeln, und liebeglühend, liebestrahlend, Herz und Hand dem Jünglinge verpfändend, der sich bereit erklärt, für ihren Besitz dem ersten Throne der Welt zu entsagen.

Allein das Können und das Dürfen?

Die strenge Großmama ließ so nicht mit sich spielen. Sie zürnte nicht, sie drohte nicht; allein an einem schönen Morgen fuhr sie mit ihrem reizenden Hoffräulein in die Kirche und ließ sie dem alten Herrn von Narischkin antrauen, mit der Weisung, stehenden Fußes mit ihr auf seine Güter zu reisen.

Die Geliebte vermissen, sie mit den Augen suchen, dann nach ihr fragen und solche Kunde vernehmen; — auch die Pein, die Verzweiflung, den Wahnsinn solcher Stunden rief er sich jetzt einmal noch zurück und hielt damit das Bild zusammen, das er geträumt; wie er mit ihr hinausgezogen in die Fremde, unter fremdem Namen, am Genfer See sich angesiedelt, — sein Freund La Harpe mit ihm, — und wie er als einfacher Privatmann alles Glücks genossen, dessen ein Mensch auf Erden theilhaftig werden kann.

Die Vision entschwand und ein tiefer Seufzer hob

seine Brust. Er fuhr mit der schön geformten Hand über die hohe, reine Stirne und fragte sich innerlich, wo er sich befinde?

Da traf ihn, aufschauend, der Blick seiner jungen Gattin, die mit sorgender Miene ihm aus der Ferne zugesehen, nicht ahnend, wie weit hinaus er mit seinen Gedanken geeilt.

Er stand auf und reichte ihr, wie innerlich ihr eine Abbitte leistend, die Hand. Sie sah ihn zärtlich an, ohne zu ahnen, daß er bei seinem Aufsummiren der Vergangenheit auf dem Punkte stehen geblieben, wo die Großmutter ihm lächelnd das Opfer abgefordert, Elisabeth von Baden zu seiner Gemahlin zu wählen.

Das bittere Muß des Augenblickes, wo er so unfreiwillig einer Anderen die Rechte einzuräumen gezwungen worden, welche die Geliebte seines Herzens einzig besitzen sollte, verschmerzte er nie, und er ließ es der jungen Frau durch eine Kälte entgelten, die wie ein Wurm an ihrem Leben zehrte; denn schwerer noch drückt jeder Kummer, den in Worte zu kleiden das innere Zartgefühl verbietet, und Liebe als ein Recht beanspruchen, ist schon keine Liebe mehr, sondern die schlimmste aller Tyranneien.

Die Große Catharina war indessen gestorben. Auch an sie hatte endlich der Tod sich herangewagt. Ihr

Sohn Paul ließ sie bestatten, als schon Verwesung an ihr nagte, und Rache, Spott, Verachtung trieben ihn, die Günstlinge der Mutter zu ihren Leichenträgern auszuwählen. Der Enkel sah dem zu und mußte schweigen, wie er von Kindheit auf zu Allem schweigen müssen, was ihn betraf und die er liebte.

Die große Kunst, sich zu verstellen, in sich zu verschließen, was ihn auch noch so tief bewegte, hatte er schon früh erlernen müssen. Das Lächeln auf der Lippe, wenn das Herz zu brechen droht, wird Gewohnheit endlich, und mehr als je bedurfte er der klugen Vorsicht, seit sein Vater das Zepter Rußlands führte, dem er, als nächsten Erben seiner Krone, furchtbar war. Das lehrte die Geschichte.

Ein Zug von tiefer Schwermuth hatte sich unter solchem Drucke über das schöne Antlitz Alexander's gebreitet und aller Frohsinn war von ihm gewichen. Wer hätte auch frei aufathmen können unter dem Fluche so drückender Verhältnisse, wie sie in seiner nächsten Nähe herrschten! Besonders aber schmerzten ihn das Leiden und Dulden seiner engelhaften Mutter, die mit Sanftmuth sich in das Schwerste ergab; das Unerträgliche unabänderlich ertragen sollen, ist eine Lebensaufgabe, die zu Verbrechen oder auch zu Wahnsinn führen kann, und nur der hoffnungsvolle Muth der Jugend gab ihm die Elasticität dem erneuerten Drucke sich zu beugen.

Allein, — man drängte ihn bereits, sich frei zu machen. Täglich mehrte sich jetzt die Zahl der nach Sibirien Verbannten und selbst die eigene Familie war schon zum Opfer ausersehen.

Da endlich fügte sich Alexander den Vorstellungen des Grafen Pahlen, seinen Vater zu einer Abdankung zu zwingen.

Schmerzlich bewegte den Sohn dabei der Gedanke, daß die Welt ihn darob anklagen werde, und um von diesem peinlichen Ideengange, dem er soeben, in dieser verhängnißvollen Stunde gefolgt, sich loszumachen, stand er auf, trat an das Fenster und blickte zu dem dunkeln Nachthimmel empor.

Allein die Sterne da oben reden nicht, sie lächeln uns nur kalt mit ihrem freundlichen Blitzen an und haben keine Antwort auf die Frage eines geängstigten Menschenherzens.

Die Schildwachen machten eben wieder die Ronde.

Alexander vernahm ihren schweren, einförmigen Schritt und zitterte. Die Stunde war gekommen, wo Graf Pahlen handeln sollte; wie aber, wenn der Kaiser sich nicht gefügig zeigte, und man nun Gewalt gebrauchen sollte? —

Der Name Vater behält immer seinen heiligen Klang, was auch der Kaiser verbrochen haben mochte, an diesem es zu rächen, blieb dem Herzen des Sohnes schmerzlich, und fürchterlich war der Kampf dieser Stunde für ihn.

Niemand sprach; selbst die beiden Schwestern saßen einander stumm gegenüber. —

Da nahten rasche Schritte der Thüre, und Zouboff, der letzte Günstling der Kaiserin Catharina, stürzte athemlos in das Gemach.

„Was bringen Sie uns!" rief ihm Alexander mit versagender Stimme entgegen.

„Soeben sind die Verschworenen in des Kaisers Schlafgemach gedrungen!"

„Und?"

„Ich konnte es nicht ansehen, wie er, halb angekleidet, aus dem Bette sprang, und — Hülfe suchend, um sich blickte: Entsetzlich! so zu enden!"

„Enden?" rief Alexander, und seine Augen traten weit aus ihren Höhlen. „Sie wollen nicht sagen, daß sein Leben gefährdet sei?"

„Im Augenblicke der Leidenschaft, nach einem Mahle,

wo man viel getrunken, wer kann da kühl berechnend handeln? Und sein Widerstand fordert die Betheiligten das Aeußerste zu wagen auf."

„So wird man mich den Mörder meines Vaters nennen!" rief Alexander mit dem Tone des tiefsten Schmerzes aus. „Ach! Ich bin der unglücklichste Mensch in diesem weiten Reiche, wenn mir Graf Pahlen nicht sein Wort gehalten hat, um jeden Preis das Leben meines Vaters unangetastet zu lassen!*) Eilen Sie, Zouboff, ihn an sein Wort zu mahnen. Legen Sie die ganze Verantwortlichkeit der That auf sein Haupt!"

Schon wollte Zouboff das Zimmer verlassen, da trat ihm Jemand in den Weg und riß ihn mit sich in dasselbe zurück. Es war Graf Pahlen selbst, der todtenbleich in der Thüre erschien. —

„Ich komme, Ihrer Kaiserlichen Hoheit eine traurige Botschaft zu überbringen," sagte er mit stockendem Athem; „Seine Majestät sind soeben durch einen Schlagfluß aller Besinnung beraubt worden und lassen wenig Hoffnung für ihr Leben übrig."

Alexander sank trostlos auf einen Sessel und bedeckte das Gesicht mit beiden Händen. „So haben Sie

---

*) Geschichte Alexander's von Alphons Rabbe.

ihn dennoch ermordet!" rief er mit vorwurfsvollem Tone.

„Ach! welch' eine Nacht ist dies, um sie in Rußland's Geschichte mit einem neuen Blatte zu verzeichnen!"

„Sire," erwiderte Graf Pahlen ruhig, „man wird es umschlagen und über der Fortsetzung die rothen Buchstaben vergessen.*) Lassen Sie uns mit gutem Beispiele dazu vorangehen. Rußland ist in diesem Augenblicke ohne Herrscher; denn nicht das Geburtsrecht, sondern der Wille des Volkes giebt Ihnen das Scepter in die Hand. Vergessen Sie das nicht! Jede Minute ist hier kostbar, jedes Wort der Klage kann hier mit dem Verluste des Thrones bezahlt werden und das Reich einem Bürgerkriege Preis geben. Darum flehe ich Sie an: wanken Sie nicht!"

Alexander sprang vor dieser Mahnung entsetzt empor. „Traurige Größe!" rief er. „Nicht eine Thräne gestattest Du dem Sohne seinem Vater nachzuweinen? Nicht eine Thräne! So eilen Sie denn zu meiner Mutter, Graf Pahlen. Sagen Sie ihr, was vorgefallen ist, und auch, wie weit ich dabei schuldig bin, und bitten Sie sie in mir den neuen Kaiser zu begrüßen!"

Graf Pahlen stürzte fort, Zouboff folgte ihm nach

---

*) Bellani.

und die Geschwister befanden sich wieder allein. Keiner von ihnen wagte zuerst zu reden, Jeder fürchtete das schreckliche Wort auszusprechen: „Man hat den Kaiser, unsern Vater, über unseren Häuptern ermordet, und wir, seine Kinder, haben dem schweigend zugesehen."

Alexander weinte, die Hände vor das Gesicht gedeckt, bittere Thränen."

Sein Bote war indessen bei der Kaiserin angekommen, die, von der Fürstin Lieven, ihrer Palastdame, durch diese schauerliche Botschaft aus dem Schlafe gerissen, soeben aus dem Bette gesprungen war und sich anzukleiden begonnen hatte, um ohne Verzug zu ihrem Gatten zu eilen, als ihr Graf Pahlen gemeldet wurde.

„Was bringen Sie mir?" rief sie ihm entgegen. Wie steht es mit dem Kaiser? Wo ist er und wo sind meine Söhne? Ich bitte! Reden Sie!"

„Der Großfürst Thronfolger sendet mich ab, Ihre Majestät zu ersuchen, sich zu ihm zu bemühen und ihm den Eid der Treue zu leisten," sagte Graf Pahlen, sich verneigend.

„Wie? Das ist sein Gesuch an mich?" rief die sanfte Maria Feodorowna, und alles Blut kehrte plötzlich in ihre Wangen zurück. „So ist mein Gatte nicht mehr! Den Vater ermorden und die Mutter zu seinen Füßen sehen, ist das meines ältesten Sohnes Wunsch! Nein doch! Nein! So haben wir nicht gewettet, Alexander. Ist seine Eile den Thron seines Vaters zu besteigen, so groß, so mag er auch noch über meinen Leichnam hinweg seinem Ziele zuschreiten; das sagen Sie ihm. Ich bin jetzt Kaiserin, ich! und mir soll man den Eid der Treue leisten, bevor man meinem Kinde das Scepter in die Hand giebt."

„Ich bitte Ihre Majestät, sich zu beruhigen und die fürchterlichen Folgen eines solchen Schrittes zu überlegen", erwiderte Pahlen, überrascht von dieser plötzlich erwachten Neigung zum Herrschen, die er in der stillen Dulderin niemals vermuthet, noch gesucht hatte. Seine Vorstellungen, welchem Schicksale sie und ihre Kinder durch einen solchen Schritt aller Wahrscheinlichkeit nach entgegen gingen, der Bürgerkrieg in den Straßen Petersburg's entzündet, verfehlten ihren Eindruck nicht; sie wurde vor diesen schauerlichen Bildern ruhiger und fing an, einzusehen, wie gefährlich der Zwiespalt in der eigenen Familie für die Ruhe des Reiches, für sie selbst und für ihre Söhne werden könne, und versprach dem Grafen, ihm mit ihren Kindern, sowie sie sich angekleidet, nachfolgen zu wollen, um ihrem Sohne die Huldigung zu leisten.

Indessen hatte man den Leichnam des Kaisers in der Dunkelheit der Nacht auf die Festung geschafft, und dieselbe Equipage, welche den Todten zu seinem letzten Gange bestimmt, mußte, weil in der Eile keine andere aufzutreiben war, dazu dienen, den Sohn nach dem Winterpalaste zu führen, wo ihm die Senatoren und Großen des Reiches den Eid der Treue leisten und ihn als Czaren anerkennen sollten. Rasch rollte der Wagen durch die stillen, düsteren Straßen Petersburg's an den noch verschlossenen Häusern vorüber; Zouboff und Pahlen standen als Lakaien hinten auf und Boten eilten schon nach allen Seiten aus, um die entsetzliche Kunde zu verbreiten; es habe in dieser Nacht das Reich seinen Beherrscher zu wechseln begonnen.

Welch' ein Erwachen für die weite Stadt, als die kalte Märzsonne nun, den Tag verkündend, ihr Licht in die Häuser sandte und auf jedem Gesichte der Eindruck der entsetzlichen Mordthat zu lesen stand. Das Volk eilte in die Straßen hinaus, um die Wahrheit des Gerüchtes bestätigt zu hören; es drängte sich dem Winterpalaste zu, um hier der Schreckensnachricht durch den Anblick eines neuen Autokraten beglaubigt zu sehen, welchem es mit Sicherheit noch keinen Namen zu geben wußte.

Als es neun Uhr schlug, da öffneten sich endlich weit die Flügelthüren des Balcons im ersten Stock des Kaiserlichen Schlosses und wie ein bleiches Marmorbild, die Augen von den reichlich vergossenen Thränen geröthet, das lockige Haar in Unordnung um die schöne Stirne flatternd, der ganze Anzug von der durchwachten Nacht redend, trat Alexander hinaus und begrüßte das unabsehbare Menschenmeer, das ihn nun mit einstimmigem Rufe zum neu erwählten Herrscher über achtzig Millionen ausrief.

Doch nicht freudig wiederhallte in seinem Herzen der Klang dieser vielen Stimmen, in die sich, seinem Ohre vernehmbar, das Todesröcheln seines Vaters mischte, und tiefe Trauer sprach sein Auge aus, während der Mund das ihm gewohnte Lächeln zeigen wollte, um dankend die Huldigung anzunehmen.

Momente der Art drücken dem Charakter eines Menschen einen Stempel auf, der nie mehr sein Gepräge verliert. Die Thränen in sich zurückdrängen und lächeln ist eine Kunst, die gelernt sein will.

In den Saal zurücktretend, gewahrte der Enkel der Großen Catharina seine Mutter und die Geschwister zu seinen Füßen; Maria Feodorowna richtete ihr Auge fest auf den Sohn, bis das seinige sich senkte, nicht aus Schuldbewußtsein, sondern unter dem Eindrucke der darin ausgesprochenen geheimen Anklage. Er hätte an ihre Brust sinken und ausrufen mögen: „Tröste mich; denn ich leide!" Allein schon war die Scheidewand aufgezogen, die für immer in ihrem Vertrauen, in ihrer Liebe und Hingebung von einander trennte; denn sie kam, um dem neuen Kaiser zu huldigen und ihn als ihren Herrn anzuerkennen. Er war fortan nicht nur von ihr, von seiner Familie, sondern auch von der Menschheit dadurch geschieden; denn es ist der Fluch der Herrschaft, daß ihr Träger allein steht; es ist der Fluch einer Krone, daß sie die Ideale der Menschenwürde in den Staub tritt und ihren Besitzer isolirt.

Alexander kehrte in seine Gemächer zurück, erschüttert bis in die tiefste Seele hinein, und durfte sich die Zeit nicht einmal gönnen, dieses Eindruckes Herr zu werden; denn nach allen Seiten hin hieß es nun: handeln! Die Mitwelt, wie die Nachwelt standen ihm als Richter gegenüber und zur Seite hatte er keinen Diener, dem er hätte vertrauen können; davon war er durch diese fürchterliche Nacht belehrt worden.

Den Sarg seines Vaters umstanden nur frohe Gesichter und selbst die, denen er wohlgethan, bewahrten dem Geschiedenen keine dankbare Erinnerung.

Da tauchte unter der Menge von Gleichgültigen eine Gestalt auf, die mit dem trauernden Sohne um den Vater weinte und Alexander entdeckte einen treuen Diener, einen dankbaren Menschen unter den Vielen, die Paul mit Güte groß gemacht, und dieser Eine war: Araktchejeff.

Daß er es nie vergaß, wie wohl dem Menschen in ihm diese eine um seinem Vater geweinte Thräne in jener Stunde that, dürfen wir es dem Herzen Alexander's verargen? Araktchejeff wurde sein Vertrauter und blieb es bis an sein Ende.

Boten wurden nun an alle Höfe Europa's gesendet, der Welt das große Drama zu verkünden, das in Rußland ausgespielt, und wie verschleiert man auch immer diese Nachricht bot, dennoch verrieth der Argwohn, der sich mit Antecedentien nährte, was sich zugetragen, und das große Geheimniß blieb bald kein Geheimniß mehr, was auch officiel darüber gesagt werden mochte.

Der Neffe von Zouboff, Tscherebetzoff, erhielt den Auftrag, dem Preußischen Hofe die Anzeige von dem Absterben des Kaisers Paul zu überbringen, und wieder einmal erlitt Herr von Krüdener die heftigste Gemüthsbewegung bei dieser unerwarteten Kunde, die ihm, wenn auch Paul ihm jetzt verziehen hatte, ein Meer von Sorgen und eine Unsicherheit seiner Lage in Aussicht stellte, vor der er nicht weniger zurückschreckte, als einst vor dem Zorne des mächtigen Autokraten.

Viertes Kapitel.

Das Badeleben in Teplitz 1801.

Das Thal, in welchem die Stadt Teplitz liegt, schmückte das erste Frühlingsgrün, über den Geyersberg herab fuhren schwer beladene Reisekutschen, mit Ochsen bespannt, und brachten die über Dresden kommenden Kurgäste, während die Poststraße von Prag, über den Nollendorfer Berg führend, nur wenig noch benutzt ward. Aus der Tiefe der Erde empor rieselten heiß die Quellen, um, in Bäder eingefangen, Gesundheit zu spenden, die Gasthöfe öffneten die lang verschlossen gehaltenen Räume, das Theater engagirte neue Mitglieder, die Musikchöre vervollständigten sich, und Fürst Clary, der Besitzer dieser ganzen Herrlichkeit, schauete aus den hohen Fenstern seines Schlosses auf diese schöne bunte Menschenmenge herab, deren Zahl den Werth seines Eigenthumes alljährlich für ihn steigerte.

Zwei Berge schließen das kleine Teplitz ein; nach Süden zu der Wachholder Berg, nach Norden der eine

Stunde von dem Orte entfernt liegende Schloßberg, dessen prächtige alte, malerische Ruine, von einer längst vergangenen Zeit der Sagen redend, die ganze Gegend überschauet und den schönsten Fernblick bietet. Die Wanderungslust der Heilung suchenden Kranken führt sie häufig diese Höhe hinauf, und früh und spät trifft man auf diesem Wege Gehende und Kommende an. —

Maigrün schmückte Wald und Flur. Nach einer kühlen Nacht mit Regenschauern erhob sich die Sonne purpurn über dem dampfenden Thale, und sowie ihre Strahlen die Feuchtigkeit des Bodens auflasen, wurde es lebhaft auf den Straßen.

Dem Schloßberge zu wanderte heute eine kleine Gesellschaft, begleitet von Dienern in Livrée mit vollen Körben, und allerlei Hausrath beladen, das die Absicht kund that, man wolle den Tag auf der Höhe in der Ruine zubringen, wo zu jener Zeit weder ein Restaurant, noch ein Gasthof zu finden war.

„Aber wo bleibt denn unsere liebenswürdige Excellenz?" fragte aus der Gruppe hervor Prinz Heinrich von Preußen und sah sich verwundert nach allen Seiten um. „Wollte sie nicht hier zu uns stoßen? War dies nicht der bezeichnete Ort unseres Rendez-vous?"

„Und La voilà, Königliche Hoheit!" erwiderte Ju-

liane von Krübener in diesem Augenblicke mit ihren drei
Kindern, die, wie sie, in tiefe Trauer gekleidet waren,
aus der Seitenallee hervortretend und sich mit vieler
Grazie verneigend.

„Ah! Bon jour! Bon jour!" rief es nun von
allen Seiten. Die Prinzessin Louise von Radcziwill verließ sogleich die Prinzessin Clary,*) um Julianen zur
Seite zu gehen. „Ich kann Ihnen nicht sagen, liebe
Baronin," begann sie, „wie froh ich bin, Sie in Teplitz
zu sehen! Ich rechnete so gar nicht darauf, Ihnen hier
zu begegnen, daß ich meinen Augen noch kaum zu trauen
wage und mich mitunter frage: ob Sie es auch wirklich
seien? Der Aufenthalt an diesem schönen Orte gewinnt
nun erst durch Sie seinen ganzen Reiz für mich. Welche
schöne Zeit werden wir mit einander hier verleben!"

„Königliche Hoheit sind unendlich gütig, und ich versichere Sie, ich theile Ihre Empfindungen ganz," erwiderte Juliane geschmeichelt. „Lassen Sie es mich daher nur gestehen, daß nichts hätte erwünschter für mich
sein können, als diese unerwartete Todesnachricht des
Kaisers Paul, seit es die guten Folgen meiner Abreise
von Berlin für mich hatte."

---

*) Tochter der Prince de Ligne.

„Aber wie das? Inwiefern zog das Eine das Andere nach sich?" fragte die Prinzessin verwundert.

„Wir mußten unser Haus schließen, bis Herr von Krüdener von dem neuen Beherrscher in seinem Amte bestätigt war; und unterliegt es auch wohl keinem Zweifel, daß er auf seinem Posten bleiben werde, so ist es doch weise, die Entscheidung abzuwarten. Ich war daher gern bereit, diesem Gebote der Klugheit Folge zu leisten, und beeilte mich, mit meinen Kindern die Reisecalesche zu besteigen. Ach! Wie erquickend sind diese Ausströmungen von Feld und Wald! — Ich vergesse, daß ich Nerven habe in diesem sanften, feuchten Windesfäuseln, und freue mich des Lebens wie ein Kind!"

„Aber, Sie werden unsere liebe Baronin nicht ganz allein für sich in Anspruch nehmen wollen, Prinzessin?" rief die Fürstin Clary, sich Beiden zugesellend.

„Mais, que faire? Der Pfad ist zu schmal für Drei?" sagte die Prinzessin Radcziwill scherzend.

„So theilen wir uns in sie," nahm die Fürstin Clary auf's Neue das Wort. „Die erste Hälfte des Weges gehöre sie Ihnen, Prinzessin, die zweite sei sie mein." —

„Convenu," erwiderte diese.

„Und wann kommt die Reihe an uns?" fragte

Prinz Heinrich, der den kleinen Streit überhört hatte, im Namen der Herren.

„Sie verwöhnen mich!" rief Juliane hier mit reizender Bescheidenheit. „Besonders heute, wo ich von der Reise noch so ermüdet mich fühle, ist meine Gesellschaft von zu geringem Werthe, um irgend Gewicht darauf zu legen."

„Sie sind immer charmante!" sagte die Prinzessin schmeichelnd.

„Und Sie die Güte selbst! Doch glaube ich auch nicht undankbar zu sein! Nur fehlen mir die Worte Ihnen auszudrücken, was ich empfinde. Wie soll mich dieser Aufenthalt entschädigen für all' die Leiden meines hohlen Lebens der Repräsentation, wo ich, wie ein Staar, die mir gelehrten Worte murmeln muß! Hier athme ich auf! Hier bin ich ich selbst!"

„Und darum doppelt liebenswürdig!" rief Prinz Heinrich.

Unter solchen Gesprächen erreichte man die Höhe des Berges und genoß nun der herrlichen Fernsicht, auf das jetzt von Nebeln freie Thal, und nach Morgen hin auf die ganze Fläche des üppig ausgebreiteten Böhmerlandes, begrenzt von Bergen und dem Silberfaden der Elbe, mit der Stadt Aussig daran; auf der Mittagsseite ben Milleschauer, mit seinem Wolken umhüllten conischen Scheitel; nach Abend Bilin auf einem steilen, grotesk in bunkelem Braun erscheinenben Felsen, sowie das Jesuitenkloster Mariaschein, mit ben hohen Thürmen und rothem Kupferdache. Als man sich genugsam baran geweidet, nahm man in einem schattigen Theile der Ruine Play, wo die Dienerschaft indessen Sitze bereitet und Tische aufgestellt, ble balb darauf eine Last ausgewählter kalter Speisen trugen und ben Durstigen mit einer Labung perlenben Champagners vom Berge ber Wittwe Cliquot*) winkten.

Epheu rankte sich an den alten Mauern hinauf. — Der Mittagswind rauschte flüsternd durch die aus den Trümmern erwachsenen Bäume. Juliane von Krübener blickte mit träumerischem Auge umher und hörte auf, an ber Unterhaltung Theil zu nehmen.

„So ernst?" fragte sie die Fürstin Clary, ihre Hand ergreifend. „Wo weilt unsere Baronin mit ihren Gedanken, während wir nur Auge für sie sind?"

Ein dankbares Lächeln antwortete ihr; bann sagte sie, als Erwiderung:

„Es ist der Zauber dieses Ortes, der mich gefangen

---

*) Die feinste Sorte Champagner.

nimmt und mit Geistern reden läßt, während eine so liebenswürdige Gesellschaft mich umgiebt. Ich möchte wissen, wer hier gelebt, geliebt, gelitten; wer diese Mauern aufgebaut, und wer sie zerstört hat. Ach! Welch' eine Sprache führt dies Gebäude für mich, und welche Fragen richte ich an jeden Stein, ohne die Antwort zu finden!"

„Da wenden Sie sich lieber an mich, theure Excellenz," sagte Fürst Clary, sich an ihre Seite setzend, „denn, wenn ich auch kein Theil dieser Ruine bin, so ist sie doch innig mit mir befreundet, und, ein Kind dieses Bodens, bin ich mit ihrem Geschick und ihrer Geschichte eng verbunden, werde Ihnen also gern mittheilen, was davon auf mich gekommen ist."

„Ah! Bitte! bitte!" riefen mehrere Stimmen, „die Geschichte dieser Ruine!"

„Wenn nun aber von Geistern und Kobolden dabei die Rede wäre, so würde Ihnen bange werden?" wandte er sich scherzend zu Frau von Krüdener's reizendem Töchterchen.

Juliette erröthete.

„Ich bin nicht so feige, mon prince, und liebe die Gespenster," sagte sie mit naiver Entschlossenheit.

„So lange Sie sie nicht sehen, mein reizendes Fräulein, doch, wenn sie aus diesen Gräbern hervorkämen, wenn die Erbauer dieser Burg erschienen, dann — hieße es: „Hu!" und wir schlössen die Augen."

„Wagen Sie es immer," bat Juliane ihren Nachbar. „Die Geister der Vergangenheit werden nicht schlimmer sein, wie die der Gegenwart, von denen wir uns nicht gar sehr beläftigt finden."

„Immer geistreich, so daß man die Worte Ihres Mundes wie Perlen sammeln möchte, theure Excellenz," sagte der Prinz galant.

„Immer ein Schmeichler, auch selbst in Ihrem Tadel," gab Juliane zurück.

„Das können Sie doch nicht erfahren haben?" fragte er mit Betonung.

„Aber verdient; — doch, zur Sache, mon prince! Die Gesellschaft wird ungeduldig bei unserm Wortstreite, der sich, bei Ihrem Geiste, nie endend fortführen ließe."

„Darauf möchte ich nun Vieles erwidern; doch — weil Sie es so befehlen, lasse ich meinen Geist jetzt ungerügt und gehe zu dem dieser Ruine über. Also: Dobrowsla Hora!"

„Schon während der Kreuzzüge, so geht die Sage, waren die warmen Quellen von Teplitz bekannt und benutzt. Bila, die Schwester der berühmten Libusse, lebte

dort drüben auf dem Berge Libin, an der Seite ihres
Gatten, des sanften Kostal; denn auch sie liebte zu herrschen und wollte sich dem Gefährten nicht unterordnen;
darum war ihre Wahl auf einen Mann gefallen, der
sich willig allen ihren Launen fügte. Jedoch befand sie
sich dabei keineswegs glücklich. Je fügsamer er sich erwies, je mehr begehrte sie von ihm, und immer störri-
scher wurde ihr Sinn, immer seltsamer ihre Launen.
Sie wußte oft selbst nicht, was ihr fehle; und dennoch
mangelte ein Etwas ihrem Leben, das sie zu keiner Ruhe
und zu keinem Glücke gelangen ließ, obgleich sie diesem
Etwas keinen Namen zu leihen vermochte.

Unruhig trieb es sie durch Feld und Wald; sie jagte,
sie verfolgte den Bären, bis in seinen entferntesten Schlupf-
winkel, sie ereilte den Fuchs und wagte mit dem Wolf
einen Kampf; doch, kam sie dann heim mit ihrer Beute,
so warf sie ihre Waffen unmuthig von sich und stützte
traurig ihr Haupt, sich fragend: „warum habe ich mich
eigentlich so ermüdet? Freude, wirkliche Freude, gewährt
mir es nicht."

Eines Tages, als sie wieder hinabgezogen war in
das Thal, und ihre Begleiter weit zurückgeblieben waren,
begegnete ihr der schöne Ritter Koloslug, welcher sich auf
diesem Berge eine Feste erbauen ließ, um von da aus

die warmen Quellen hier unten zu beherrschen, die ein
Zufall ihm entdeckt hatte. Er verneigte sich sittiglich vor
der schönen Frau und lud sie ein, sein Haus in Augen-
schein zu nehmen. Eine Schwester der Libussa fürchtete
sich natürlich vor keinem Manne, und so nahm sie seine
Einladung an. Heiter ritt sie mit ihm die Höhe hinan,
froh, Etwas zu erleben, das sie auf Augenblicke ihrem
Mißmuthe entrisse.

Des schönen Ritters Behausung war sehr einfach;
ein thurmartiges Gebäude, mit einem Gemache, worin
er vor einem Heerde an einem gewaltigen Eichentische
aus mächtigem Pokale mit seinen Genossen trank, darin
bestand sein ganzer Hausrath; sein Knappe trug Speisen
auf und er lud seinen Gast ein zum Mahle. Bila
nahm ihm gegenüber Platz und that ihm Bescheid in
gutem, altem Meth; als sie aber an den Aufbruch denken wollte, da fühlte sie, daß ihre Füße ihr nicht dienten
und ihr Haupt nicht mehr grade stand, und in den
großen Armstuhl zurücksinkend, verlor sie alles Bewußtsein. —

Als sie wieder erwachte, war es Tag; doch ein anderer Tag. Sie rieb den Schlaf aus ihren Augen und
verwunderte sich, allein zu sein. Als Niemand kam, erhob sie ihre Stimme. „Wo ist der Ritter?" fragte sie.

„Auf die Jagd gezogen," hieß es zurück.

„Auf die Jagd, und ich bin sein Gast?" fragte sie mit aufsteigendem Zorne.

„Er befahl mir, Ihnen zu sagen, daß er nicht habe wissen können, wie lange Ihr Schlaf noch dauern werde, und ausgezogen sei, Ihnen zum Mittagsmahle einen Braten zu erlegen."

„Zum Mittagsmahle?" sagte Bila und rieb sich die Stirne. Hatte sie nicht schon mit ihm gespeist? Doch nicht gestern etwa? Nein! Unmöglich. Und doch möglich, doch mußte es so sein; denn nach der Sonne Stand zu urtheilen, war es ja heute früher noch, als gestern, wo sie dies Gemach betreten. „Wo bin ich diese lange Zeit gewesen? Was ist mit mir vorgegangen?" fragte sie den Knappen. Er betheuerte mit vielsagendem Lächeln, es nicht zu wissen, und wollte das Gemach verlassen. „Bleib'!" heischte sie ihm zu. „Bleib'! Und steh' mir Rede! Wo war ich und wo war Dein Herr!"

„Ich fand ihn knieend hier zu Ihren Füßen, als ich vor Schlafengehen mir seine Befehle für den Morgen erbat", lautete die Antwort.

„Entsetzlich!" rief Bila mit funkelnden Blicken. „So führe mein Roß vor und laß mich eilig auf den Bilin zurückkehren, um an diesem Ehrenräuber Roloftug Rache zu nehmen. Ha! Er soll es empfinden, wie man mit einer Schwester der Königlichen Libussa leichtfertige Scherze treibt!"

„Mein Herr trug mir auf, im Falle Sie vor seiner Rückkehr erwachten und die Burg verließen, Ihnen zu sagen: er habe sie so gastlich aufgenommen, wie ihn einst Libussa bei sich bewirthet; nur habe er zum Schlusse noch spinnen müssen, was er Ihnen erlasse, weil Sie als weiblicher Mann es verstehen würden, während die Finger des waffengeübten Ritters sich schwer nur dieser Beschäftigung geliehen."

„Also hat er an mir rächen wollen, was ich an ihm nicht verbrochen!" rief Bila, knirschend vor Wuth. „Ha! Das sieht einem Manne ähnlich und das ganze Geschlecht soll mir büßen, was dieser Eine verbrach!"

Hastig bestieg sie ihr Pferd und trabte dem Bilafelsen zu. Dort fand sie Alles in der größten Bestürzung. Alle Mannen waren versandt, sie aufzufinden, ihr Gatte selbst leitete den Zug und nur den Burgwart und wenige Knechte fand sie gegenwärtig.

Sie befahl das größte Hüfthorn seinen weitschallenden Klang versenden zu lassen, als Zeichen ihrer Rückkehr, und noch bevor die Nacht ihre schwarzen Schatten

über die Thalgründe gezogen, forderte der Ritter Kostal
Einlaß am Thore.

Bila saß, seiner harrend, in der weiten Halle. Stol-
zen Schrittes, die düsteren Augenbrauen finster zusammen-
gezogen, trat sie ihm entgegen.

„Ich fordere eine That von Dir, welche Dich in
meinen Augen zum Manne stempele und mich Deine
Uebermacht erkennen lehre; vollbringe sie, und von der
Stunde an bist Du mein Gebieter und ich Dein demü-
thiges Weib", redete sie ihn an.

„Um solchen Preis erstürme ich den Himmel!" rief
Kostal voll hoher Begeisterung. „Nenne mir die That
und betrachte sie wie schon geschehen."

Bila theilte ihm ihren Wunsch mit.

Eilig wappnete nun Kostal seine Mannen und zog
mit ihrer fünfzig an Zahl. von dem Bilin in die Ebene
hinab. Am Fuße des Dobrowsla Hora lagerten sie und
hielten Mittagsruhe, berathend, auf welche Weise der
Angriff zu leiten sei. Kostal, unter einer Fichte hinge-
streckt, nahm den Helm von seinem Haupte und entschlief.

Kolostug hatte das Nahen des Feindes beobachtet
und sich gerüstet. Auf einem Seitenpfade herabziehend
von seiner Feste, nahte er ungesehen, und mit seinem
scharfen Auge den schlummernden Kostal entdeckend,

spannte er seinen Bogen, der Pfeil sauste durch die Lüfte und traf sein Opfer grade in das Herz. Ein einziges „Ach!" und er war nicht mehr.

Entsetzt über den Tod ihres Herrn, flohen die Diener und Knappen dem Bilin zu und Koloftug ließ sie ungehindert ziehen, ihnen nachrufend: „Grüß't Euere Herrin!"

Bila stand auf ihrem Warithurm und lugte in die Gegend hinaus, erwartungsvoll dem Marsche ihrer Mannen entgegensehend; da gewahrte sie deren Rückkehr in wilder Hast und zornentflammt bei dem Gedanken, es habe sie der Feind geschlagen, eilte sie ihnen an das Thor entgegen, dessen schwere Flügel sich ihnen kaum öffneten, als auch die strenge Rede der Gebieterin sie schon begrüßte: „Ihr feigen Memmen!" rief sie ihnen zu. „Ihr wagt es, geschlagen hier Einlaß zu fordern? Geh't Eurer Wege! Für Euch öffnet sich dies Thor nur dann, wenn Ihr als Sieger heimkehrt! Geh't und sag't das meinem Gatten, der Euch so tapfer angeführt."

Erstarrt sahen sie die Gebieterin an und wußten nicht, was ihr erwidern.

„Nun?" fragte sie. „Wollt Ihr gehen, Ihr Memmen?"

„Wir wollen Euere Botschaft bringen; allein er hört sie nicht, für den Ihr sie bestimmt", sagte endlich der

Leibknappe ihres Gatten und Thränen rollten dick in seinen Bart hinab.

„Er hört sie nicht?" fragte Bila mit weit sich öffnendem Auge. „Er hört sie nicht? Bei meinem Zorne, nimm das Wort zurück!"

Eine verneinende Bewegung seines Hauptes sprach ein stummes „ich kann nicht".

Zu einer Bildsäule erstarrte jetzt Bila; in ihrem Auge zuckte es wie Wetterleuchten; ihre Hand ballte sich krampfhaft; dann brach sie zusammen. „Führt mich zu ihm!" heischte sie mit ersterbender Stimme.

Stumm folgten die Knappen dieser Weisung. Zwei von ihnen kreuzten die Arme, man hob die Gebieterin hinauf und trug sie den Bisin hinab bis zu der Fichte hin, wo man in jäher Flucht den Leichnam des Getödteten zurückgelassen; doch zu ihrem Staunen fand sich von diesem keine Spur. Kolostug hatte ihn mit sich genommen und nur sein geflossenes Blut bezeichnete die Stelle, wo er gefallen. Jammernd sank Bila auf die Kniee vor diesen Spuren des ihrer Rache Geopferten und wollte nie mehr von dieser Stätte weichen. Vergeblich alles Bitten, alles Mahnen! Sie sandte zornig ihre Diener fort, begehrend, daß man sie sich selbst überlasse. So fand am dritten Tage ein frommer Pater sie, des Weges pilgernd, in stillem Schmerze versunken.

„Warum so traurig, meine Tochter?" redete er sie an und achtete ihrer abwehrenden Bewegung nicht. „Ich habe Trost für Deinen Gram; nur öffne mir Dein Herz!" Sie lieh seiner Mahnung lange kein Ohr, bis endlich das Bedürfniß der Theilnahme, sowie das der Mittheilung dessen, was sie schmerzlich getroffen, ihre Lippen erschloß und der Pater die Ursache ihrer Betrübniß und ihres einsamen Hierseins erfuhr.

Da hielt er das unter seiner Kutte verborgene Kreuz hoch vor ihren Blicken empor und sprach ihr von einer Religion der Liebe, welche dem Feinde verzeiht und im Jenseits den Ersatz für alles hier Entbehrte sucht. Sanft klangen seine Worte und beruhigten ihren aufgeregten Sinn, bis endlich vom Herzen empor die Thränen ihren Weg zum Auge fanden und über die bleichen Wangen in reichen Strömen rieselnd, der beladenen Brust Erleichterung brachten.

Jetzt warf der Priester sich neben ihr auf die Knie und dankte in lauten Worten dem Gotte, der ihm seine Hülfe geliehen, diesen harten Sinn zu beugen. Bila hörte ihm zuerst verwundert zu, bis sie, von der Wärme und Innigkeit seines Gebetes gerührt, neben ihn hinkniete und dem frommen Manne nachsprach.

Als er geendet, stand er auf und begab sich nun in die Burg zu dem Ritter Koluſtug, den er um eine Unterhaltung unter vier Augen erſuchte, um von ihm den Leichnam Koſtal's zu erbitten. Womit er das Herz dieſes Mannes zu rühren vermochte, erfuhr Niemand, genug aber — Koluſtug willigte nicht allein in ſeine Bitte, ſondern geleitete ſelbſt den Leichnam hinab bis an die Fichte, ihn reuig ſeiner Gattin zu Füßen legend. Bila wandte ihr Geſicht ab, aber ſagte ihm kein zürnendes Wort, denn der Pater hatte ſie gelehrt, es ſei ein Gott da oben, welcher der Menſchen Thaten richte, und ihr Zürnen und ihr Verzeihen in ein großes Buch eintrage.

Koſtal wurde unter der Fichte begraben, und über ihm eine Kapelle errichtet, worin der Pater ſeine Wohnung nahm; Koluſtug aber bauete an ſeine Burg ein Kloſter an, worin Bila als Nonne ihr Leben beſchloß, für ſein Seelenheil betend; der Pater aber begrub ſie Beide, und als er über ihnen den letzten Segen geſprochen, da ſchloſſen ſich auch ſeine Augen zur ewigen Ruhe.

Das Kloſter aber bewohnten fort und fort fromme

Frauen aus den ersten Familien des Böhmerlandes, bis das Kriegsheer Kaiser Rudolfs diese Mauern zerstörte und sie verjagte. Erst Wratislaw Kinsky, Herr von Teplitz, ließ im Jahre 1619 das Schloß Dobrowska Hora wieder herstellen, allein schon 1635 wurde es auf Befehl des Kaisers abermals heruntergerissen und steht seitdem in seiner jetzigen Gestalt. Der Geist des frommen Paters aber wandelt allnächtlich hier in diesen Ruinen, wie die Sage geht, um an dem Grabe des Ritter Kolustug und der Nonne Bila zu beten."

„Ist es schon aus?" rief, als der Fürst hier inne hielt, die reizende Juliette bedauernd.

„Solche Traditionen sind selten länger ausgesponnen," erwiderte der Erzähler, „allein wenn Sie es wünschen, so erfinde ich schnell noch eine Geschichte dazu."

„Das nicht," nahm Juliane von Krüdener das Wort, „allein das Grab des Ritters Kolustug und der schönen Bila könnten Sie uns wohl zeigen?"

„Mit tausend Freuden!" rief Fürst Clary lachend. „In der alten Kirche hinter dem Hauptaltare befindet es sich."

„Wir wollen es suchen!" rief Juliette ihrem Bruder zu und Beide eilten davon.

„Könnte man ihnen nun doch einen Geist nachsenden, welch' ein Vergnügen für die reizenden Kinder!" rief Fürst Clary.

„Den Geist könnte man schon machen, aber ob der Schreck sie nicht tödten würde, ist eine andre Frage," sagte Prinz Heinrich von Preußen.

„Ich bitte, nein!" rief Juliane. „So gern ich selbst einmal Zeuge wäre, wenn ein Verstorbener erschiene und uns Rede stände, wohin sein Geist sich aus der Nacht des Grabes geflüchtet; so wenig wäre ich doch im Stande, den Anblick zu ertragen. Schon hier, auf den Gräbern der Vergangenheit ruhend, durchschauert es mich, wie wenn die Todten lebendig um uns hausten; nicht angenehm ist solch Gefühl des Grauens."

„Auch mich schauert jetzt," sagte die zarte Fürstin Clary.

„Oft des Nachts erwache ich mit dieser Empfindung, und dann ist mir zu Muthe, als sei meine Seele in einer andern Welt gewesen und habe mit Geistern verkehrt," nahm Juliane das Wort. „Ich scheue mich dann, das Auge zu öffnen, aus Furcht, es möge in dem düstern Schlafgemache wandelnde Schatten erspähen. Nach der Ermordung des Kaiser Paul konnte ich lange kein Auge schließen. Warum mag es uns nur ein so unheimliches Gefühl erregen, mit den Seelen der Verstorbenen in Berührung zu kommen?"

„Weil wir uns das unserm Auge Unsichtbare nicht vorstellen können," erwiderte die Prinzessin Louise.

„Und doch glaube ich, daß wir es könnten, wenn wir mehr mit uns selbst verkehrten und die feinen Fühlfäden unserer Seele sich fortspinnen ließen," sagte Juliane, die Augen zu der Himmelsdecke emporschlagend.

„Fünftausend Jahre hat der Tod geschwiegen, heißt es in Schiller," warf die Prinzessin Louise ein.

„Zu sprechen, wie wir sprechen, ja," sagte Juliane mit Ueberzeugung, „doch eine Seelensprache giebt es ganz gewiß, durch die man sich auch ohne Worte verständigen kann, und diese Sprache will ich mit den Todten reden und von ihnen erfahren, wie man hier leben soll und wie man dort leben wird; dann werde ich, den Himmel in der eigenen Brust tragend, die Sünden der Welt zu bekämpfen vermögen. Einer Eingebung von Oben bedarf ich dazu."

Alle sahen sich erstaunt an, und ein wenig verlegen erwiderte die Fürstin Clary: „Wir sind mit jeder Mission zufrieden, die uns eine so liebe Freundin nicht entführt."

———

Fünftes Kapitel.

Wie die Liebe entsteht.

Die sogenannten fixen Ideen entstehen in Folge einer Schwäche unseres Charakters, die uns Erfahrungen aufnöthigt, welche die Menschen im Allgemeinen nicht theilen, die daher auch nur uns selbst angehören und uns manche Dinge in einem eigenthümlichen Lichte sehen lassen. Je mehr Widerspruch wir dann bei diesen individuellen Anschauungen erfahren, je mehr befestigen wir uns darin, wie das bei allen Ueberzeugungen der Fall ist, die wir in uns selbst gebildet und die nicht unter die allgemeinen Lebenswahrheiten zu rechnen sind.

Herr von Krüdener erwartete, seine Gemahlin nach vollendeter Kur zu sich nach Berlin zurückkehren zu sehen, wo er bereits als Bevollmächtigter des jungen Kaisers von Rußland accreditirt war; allein Juliane hatte längst bei sich beschlossen, ihm hierin nicht zu willfahren. Das von ihr seinem Glücke gebrachte Opfer war nach ihrer Meinung zu wenig anerkannt worden. Jedermann hatte es wie eine sich von selbst verstehende Sache betrachtet, daß sie ihre Tochter unter seinem Schutze in die Welt führte und nicht ein Wort des Lobes war ihr dafür gespendet. Das verdroß sie. Zum mindesten wollte sie doch ihre Aufopferung anerkannt sehen.

„Man versteht mich nicht! Man sieht mich wie ein gewöhnliches Weib an, das nur die Aufgabe hat, einem Manne zu gehorchen!" lautete ihr Selbstgespräch, das sie in einsamen Stunden mit gesteigerter Erbitterung an sich richtete; denn sie konnte es immer noch nicht verschmerzen, daß der verstorbene Kaiser Paul wegen der Anordnung jenes Festes und wegen des schönen Singspieles, das sie dichten helfen, ihr kein artiges Wort gesagt. — Gänzlich übersehen werden, nannte sie dies ihrem Gatten ertheilte Lob.

In Teplitz fand sie manche der Personen wieder, welche in Berlin am Hofe eine glänzende Rolle spielten. Hier nun traten sie zu ihr in eine Beziehung, welche ihr sehr verschieden von der erschien, welche sie dort beansprucht. Sie suchte nach der Ursache und fand sie darin, daß man jetzt nur ihre Person vor Augen habe und nicht nur ihre Stellung; während der einfache Grund dieser größeren Annäherung wohl nur in dem Müßiggehen des Badelebens zu suchen war, das jede Unterhaltung, welche die langen Tage verkürzte, gern willkommen hieß.

Die reizende Frau mit den beiden eben aufblühenden Töchtern wurde sogleich der Mittelpunkt eines ausgezeichneten Kreises. Die Herren ersannen kleine Festlichkeiten, den Damen eine Aufmerksamkeit zu erweisen; man las vor, declamirte, führte Charaden auf, spielte Comödie und war von früh bis spät beisammen. Dies keineswegs ruhige Leben fand Juliane ihrer Gesundheit nun sehr zuträglich und lobte die Wirkung davon auf ihre Nerven, welche den gewöhnlichen Zufällen gänzlicher Abspannung sich hier nicht zugänglich erwiesen.

Dazu trug nun auch wohl viel der Umstand bei, daß ihre beiden Töchter verschiedene Freier anlockten, welche die junge Mutter mit fortwährender Aufmerksamkeit umgaben, so daß diese den Zweck ihrer Annäherung unter dieser Hülle nicht einmal errathen konnte. Sie nahm solche Huldigungen als ihr selbst gebührend hin und deutete den Herren durch nichts an, daß deren Absichten nicht mit ihren Wünschen übereinstimmten; denn sie glaubte ja selbst der Gegenstand dieser Verehrung zu sein. Der kleine Wettstreit unter diesen Nebenbuhlern machte ihr dabei unendliches Vergnügen und das Abwägen ihrer Gunst war ihr eine angenehme Aufgabe.

Wo sie erschien, da folgte ihr ein ganzer Schwarm
dieser jungen Leute nach. Die Hoftrauer war wieder
abgelegt und eine elegante Toilette erhöhte ihr gutes
Aussehen. Ihr geistvolles Gesicht, ihr strahlendes Auge
und wechselvolles Mienenspiel ließen den Unterschied der
Jahre kaum bemerken und gern mochte man sie für die
ältere Schwester ihrer Töchter halten, ein Compliment,
das ihr auch häufig gemacht ward.

„La chère Baronne wird alle Tage jünger", sagte
Prinz Heinrich eines Tages, als er sie die große Allee
im Schloßgarten heraufkommen sah, in einem duftigen
weißen Kleide und einem Hütchen mit Kornblumen, das
leicht auf die blonden Locken gedrückt, ihr vorzüglich stand.
„Doch, was seh' ich. Ihr inséparable ist nicht mit
Ihnen? Was ist dem armen Golowkin zugestoßen, um
sich so weit von Ihnen entfernt zu halten?"

Juliane lächelte.

„Sie spotten des armen Menschen und seiner Anhänglichkeit an mich, die das gewiß nicht verdient. Er
ist auf die Post gelaufen, nachzufragen, ob Briefe für
mich da sind. Das ist doch gewiß eine ritterliche That,
die ich ihm hoch anrechne, Königliche Hoheit."

„Das ist ihm auch zu wünschen; denn dieser roth-
haarige Irrländer ist ihm ein gefährlicher Nebenbuhler

geworden, trotz dem, daß er sich fast nur durch Zeichen verständlich machen kann. Sehen Sie nur, Gnädigste, wie eifrig er sich schon wieder mit Mademoiselle Juliette zu unterhalten weiß."

Frau von Krüdener sah sich um und gewahrte nun wenige Schritte hinter sich, inmitten des Kreises junger Leute ihr Töchterchen, das mit der aufmerksamsten Miene der ausdrucksvollen Zeichensprache des Irländers ihr Ohr schenkte.

„Das gute Kind! Sie nimmt sich des armen Fremden an," sagte Juliane lachend. „Sie lehrt ihm jetzt ein wenig Deutsch und behauptet er habe schon große Fortschritte unter ihrer Leitung gemacht."

„Ein allerliebster Lehrmeister!" rief Prinz Heinrich.

„Ich fürchte nur, daß der arme Junge mehr dabei lernen wird, als er nachher zu vergessen im Stande ist, und das möchte ihm schwere Stunden machen."

„Königliche Hoheit können unbesorgt sein. Mein stilles, schüchternes Kind wird ihm nicht allzu viele Worte beibringen."

„Es ist oft nicht die Quantität, welche wir zu fürchten haben, sondern die Qualität!" sagte der Prinz schalkhaft. „Doch, gestatten Sie, daß ich der kleinen Lehrmeisterin ein wenig zuhöre, liebe Baronin."

Er nahte sich der Gruppe.

„Bon jour, Mademoiselle Juliette. Good day, Mister Darwin!" redete er den Irländer, ihm die Hand reichend, an. „Nun, wie geht es mit Ihrem Deutsch? Haben Sie schon das Verbum: „Ich liebe Dich! gelernt?"

„Ah! Ich bin schon vorbei das," erwiderte der Irländer sehr ernsthaft.

„Also schon bei: Du liebst mich? Oh! Das geht ja prächtig. Das ist ja eine ganz vorzügliche Methode, nach der Sie lehren, Mademoiselle. Ja, wenn es nicht zu spät wäre, so begäbe ich mich in diese Schule auch noch einmal."

Indessen war der junge Golowkin athemlos von der Post zurückgekehrt, mit einem Briefe in der Hand, den er Frau von Krüdener reichte, und sich dann der kleinen Gruppe zuwandte, welche der Prinz so eben durch seine an den Irländer gerichteten Fragen zu lautem Gelächter aufrief, während Juliettens Wangen Purpurgluth überzog. Mit einem zornigen Blicke maß der junge Russe die Betheiligten, trat dann entschlossen auf den Irländer zu und rief ihm in seiner Sprache in das Ohr: wir sprechen uns heute noch! Dann bot er Juliette seinen Arm und führte das ihm willenlos folgende Mädchen

zu ihrer Mutter hin, welche seitwärts vom Wege auf
einer Bank Platz genommen hatte, und mit dem Lesen
ihres Briefes beschäftigt war.

Als sie die raschen Schritte vernahm, sah sie auf
und fragte zerstreut: „Qu'est-ce qu'il y a?" Allein,
Golowkin, ohne ihr Antwort zu ertheilen, ließ Juliette
sich niedersetzen, und verbeugte sich, um sich wieder zu
entfernen. „Was ist ihm?" fragte sie nun ihre Tochter
noch einmal; diese vermochte jedoch ihrer Frage nur mit
einem unwahren „ich weiß nicht," zu begegnen.

Indessen nahte Prinz Heinrich und ein Theil der
übrigen Gesellschaft, während Andere dem jungen Golowkin gefolgt waren, der den Irländer am Arm ergriffen
und sich mit ihm seitwärts in das Gebüsch verloren
hatte. —

Juliane faltete so eben ihren Brief zusammen.

„Die Sache wird ernsthaft," sagte der Prinz.

„Wovon reden Sie?" fragte sie, sich sammelnd.

„Von dem Sprachunterricht Ihrer Fräulein Toch=
ter!" —

„Es freut mich herzlich, daß es Ihrer Königlichen
Hoheit so viel Vergnügen gewährt."

„Ah que non, Madame! So grausam bin ich
nicht. Vergnügen? Nein! Wahrhaftig nicht! Seit die

Sache ein so schlimmes Ende genommen, hört das Vergnügen daran auf."

„Wie so? Was meinen Sie damit? Wo ist das schlimme Ende?"

„Dort in den Bosquets hat es sich verloren," fiel der Prince de Ligne ein, mit der Absicht etwas Witziges zu sagen.

„Apropos! Wo ist denn Golowkin?" rief Juliane, plötzlich sich entsinnend, daß sie ihm noch nicht für seine Mühe gedankt. „Wo ist mein Ritter sans peur et sans reproche?"

„Im Begriffe seine Tapferkeit zu bewähren," sagte Prinz Heinrich lachend. „Der arme Irländer wird sein erstes regelmäßiges deutsches Verbum schwer zu büßen haben und wahrscheinlicher Weise nun auf die irregulären Zeitwörter gänzlich Verzicht leisten."

„Warum? Was hat er denn conjugirt?" fragte Juliane verwundert.

„Ich liebe Dich, Du liebest mich; dann aber kam: er liebt es nicht. Und nun ist diese dritte Person mit ihm in den Wald gelaufen, um seinem Leben ein Ende zu machen," sagte der Prince de Ligne mit dem scherzenden Tone des vollendeten Weltmannes, der diesem Muster eines Cavaliers de l'ancien régime so vortrefflich zu Gebote stand. Il y a un crime réel et abominable à troubler un mariage d'amour.*)

„Sie sprechen ja, wie wenn von einem Mord die Rede wäre!" bemerkte Juliane verwundert.

„Von einem Duell wenigstens," fiel Prinz Heinrich ihr in das Wort, „und diese ritterliche Art sich zu tödten darf man mit dem gemeinen Worte morden, nicht bezeichnen."

„Um des Himmels Willen! Wer will sich duelliren?" rief Frau von Krüdener nun, wie aus einem Traume erwachend, mit der ganzen Lebhaftigkeit ihres Wesens aus. „Ich verstehe kein Wort von dem was Sie da sagen."

„Die beiden Nebenbuhler. Wer sonst?" sagte der Prince de Ligne lächelnd.

„Aber welche Nebenbuhler? Von wem reden Sie?"

„Golowkin und Darwin."

„Um welcher Ursache willen? Ich bitte Sie, meine Herren, welcher Ursache willen? Wo sind sie sich als Nebenbuhler in den Weg getreten?"

„Bei dem Zeitwort lieben, wie ich schon sagte," erwiderte Prinz Heinrich lachend, und wie es schien, höchst

---

*) Es ist ein wirkliches und abscheuliches Verbrechen eine Liebesheirath zu hintertreiben. (Seine eigenen Worte.)

zufrieden mit seiner Art die Sache darzustellen. „Golowkin kam gerade darüber zu, als ich den Irländer
examinirte, wie weit er schon mit dem Verbum ich liebe
gekommen sei, und da stellte es sich heraus: daß er
die dritte Person mit: er liebt es gar nicht, hersagen
wollte."

„Ich verstehe das immer noch nicht," sagte Juliane
kopfschüttelnd. „Königliche Hoheit verzeihen! Aber ich
fasse nicht, was es mit diesem Verbum und dem Duell
für eine Bewandniß habe; das Ganze ist wohl nur ein
Scherz von Ihnen? Die beiden Herren sind vielleicht
nur fortgegangen um, wie schon so oft, uns durch eine
Musik oder sonst eine Ueberraschung zu erfreuen. Ist
es nicht so?"

„Ich fürchte nein," sagte der Prince de Ligne.
„Es sah mir wie bitterer Ernst aus."

„Aber warum das Alles!" rief Juliane ungeduldig.
„So erzähle Du mir die Sache, Juliette. Was ist
denn eigentlich vorgefallen? Wer hat den Streit dieser
Herren veranlaßt?

„Ja, ja, Mademoiselle, erzählen Sie es!" fügte
Prinz Heinrich boshaft hinzu.

Das Mädchen wurde verlegen. Purpurgluth überzog ihr zartes Antlitz bis hoch in die Stirne hinauf.

„Es ist eigentlich gar nichts vorgefallen, Mama," stammelte sie in äußerster Verwirrung.

„Das ist wahr. Wenig aber mit Liebe, könnte man davon sagen. Und dennoch wird es Blut kosten, schönes, rothes, jugendliches Ritterblut," warf der Prince de Ligne ein.

Juliane stand auf.

„Sie machen mich ganz ärgerlich mit Ihren Scherzen, meine Herren, die ich nicht verstehen kann," sagte sie, sich zum Fortgehen anschickend. „Ich denke, es wird das Beste sein, die beiden jungen Männer aufzufinden, und von ihnen selbst zu erfahren, was sich eigentlich mit ihnen zugetragen hat und ob sie wirklich so böswillige Absichten hegen, wie Sie sie ihnen unterlegen."

„Das ist ein vortrefflicher Gedanke!" rief Prinz Heinrich freudig aus. „Ich schließe mich dieser Expedition sogleich an. Darf ich Ihnen meinen Arm bieten, theure Baronin, und Ihr Führer sein bei diesem Kreuzzuge?"

Juliane nahm das Anerbieten seines Geleites an und der Zug setzte sich in Bewegung.

„Jetzt müssen wir aber militairisch verfahren, und eine gewisse Taktik in Anwendung bringen, wenn wir die verlaufenen Ritter einfangen wollen," nahm Prinz Heinrich auf's Neue das Wort. „Hat eine Herausforderung stattgefunden, so sucht Jeder nun seinen Sekundanten, und eilt dann in seine Wohnung, die Waffen zu bereiten. Auf diesen Wegen müßten wir sie abschneiden und uns ihrer bemächtigen."

„Um Gotteswillen, ja!" rief Juliane in der höchsten Seelenangst. „Wenn es wirklich eine so ernste Bewandniß damit hat, so lassen Sie uns einschreiten, Königliche Hoheit und einem Blutvergießen zuvorkommen."

„Ich glaube, daß es dann am besten sein wird, Sie in Ihre Wohnung zu führen, und dann eine Jagd auf die beiden Herren allein zu machen und nicht eher zu ruhen, bis wir sie Ihnen zu Füßen gelegt haben, wo Sie dann selbst den Streit über die Conjugation des Verbums entscheiden können;" sagte Prinz Heinrich, seine Schritte anhaltend.

„Ich verstehe nur selbst nicht viel von der deutschen Grammatik; doch würde ich mich bemühen, ihnen vorzustellen, wie thöricht ein Streit über solche Dinge sei und sie zur Vernunft zu bringen suchen," versetzte Juliane sehr aufgeregt. „Wenn daher Königliche Hoheit die beiden unglücklichen Jünglinge suchen lassen wollten, würde ich Ihnen sehr dankbar sein."

„Ich stelle sie Ihnen, verlassen Sie sich darauf, Gnädigste," sagte der Prinz zuversichtlich.

„Aber recht bald! Jedenfalls noch diesen Abend! Ich sterbe vor Angst und vor Sorge!" rief Frau von Krüdener, die Hände flehend zu ihm emporhebend.

„Mein Wort darauf!" erwiderte der Prinz und empfahl sich.

Juliane trat nun mit ihrer Tochter in ihre Wohnung.

„Sage mir nur, was Du den Irländer denn eigentlich gelehrt hast, Kind?" fragte sie diese, sowie sie sich mit ihr allein sah. „Etwas muß doch vorgefallen sein; ohne alle Veranlassung hätten die beiden jungen Männer nicht einen Streit angefangen."

„Ich weiß wirklich gar nichts," sagte das Mädchen kleinlaut.

„Aber was redet denn der Prinz immer von einem Verbum? — Ließest Du den jungen Irländer denn im Walde conjugiren?"

„Nicht eigentlich, Mama. Er fragte mich nur, was man Alles an „Ich liebe" setzen könne, und da er das ich nicht aussprechen kann, so wiederholte er sehr oft ich — und — dich — and —"

„Und, und?" fragte die Mutter hoch aufhorchend.

„Und dann setzte er zusammen: Ich liebe — Dich,

Du liebst — mich — und weiter war er auch noch nicht gekommen, als Herr von Golowkin auf ihn zustürzte und ihn mit sich fortriß."

„Du hätteſt ihn auch etwas Anderes lehren können, als gerade das Verbum, meine liebe Juliette; denn man ſpricht vor jungen Herren nicht gern das Wort Liebe aus, und viel weniger läßt man es ſie, als Sprachübung, ſo oft wiederholen. Golowkin hat wahrſcheinlich geglaubt, Du könneſt Dich dabei compromittiren und bei ſeiner großen Anhänglichkeit an mich, dieſem Spiele ein Ende machen wollen. Wenn er das nun, bei ſeiner heftigen, leidenſchaftlichen Gemüthsart, mit für den Irländer beleidigenden Aeußerungen gethan hat, ſo muß er ſich darüber entſchuldigen; doch mit den Waffen kann man eine ſolche Kleinigkeit nicht auskämpfen. Ich werde ihm das vorſtellen, ſobald er kommt."

„Ach ja! Thun Sie das, liebe Mama! Und recht eindringlich! Es wäre traurig für den armen, guten Darwin, wenn er für ſeinen Fleiß ſo beſtraft werden ſollte!" ſagte Juliette bittend.

Frau von Krüdener ſah ihre Tochter hierauf eine Minute lang, wie fragend, an; dann ſagte ſie:

„Du mußt an ſolchen vorübergehenden Bekanntſchaften nicht ſo viel Antheil nehmen, mon enfant. Dieſe jungen Herren drängen sich an uns, weil ich eine ungewöhnliche Erscheinung für sie und dazu hier sehr in der Mode bin; da sie nun nicht alle zugleich mit Deiner Mutter reden können, so wenden sie sich indessen pour passer le tems an das Töchterchen, das sich dann mit ihnen amüsiren mag; doch darum nicht eingebildet werden und vor Allem nicht wähnen muß, es interessirten sich diese Herren für sie. Du darfst in ihnen nur die Freunde Deiner Mutter sehen. Eines Tages wirst Du alt genug sein, Dich zu verheirathen und kannst Dir dann selbst Freunde gewinnen. Bis dahin mußt Du, wie mein Schatten, neben mir wandeln; nicht anders."

„Und wie lange wird das noch währen, Mamachen?"

„Wie lange?...." fragte Juliane sich selbst gedankenvoll. „Nun .... wir werden ja sehen. Ich habe Dich halb und halb schon versprochen."

„So?" rief das junge Mädchen überrascht.

„Ich muß aber erst in Erfahrung bringen, ob Dir der Herr auch gefällt."

„Wenn er Herrn Darwin ähnlich sieht, gewiß."

„Dem sieht er freilich nicht ähnlich."

„So! Das ist recht schade!"

„Ich sehe wohl, daß es Zeit wird, ihn Dir zu zeigen", sagte Juliane gedankenvoll, ihr Kind plötzlich, wie

7*

mit neuen Augen dabei anblickend. „Ja, ja! Ich darf nicht säumen. Der Himmel hat mir einen Fingerzeig gegeben. Wir werden von hier nach Frankreich gehen müssen. Es läßt sich nicht ändern."

„Nach Frankreich?" wiederholte das Mädchen kleinlaut. „Möchten Sie denn nicht auch Irland einmal bereisen, Mama?"

„Nein, nein! Dahin gehen wir nie!" sprach Juliane kurz ab. „Dort giebt es nur Catholiken."

„Catholiken?" wiederholte das Mädchen und schien nachzusinnen, warum dieser Glaube ein Hinderniß in den Weg lege, da er ihren gelehrigen Schüler noch niemals in ihren Augen weniger vortheilhaft erscheinen lassen. Ihre Mutter aber setzte dies Gespräch jetzt nicht weiter fort, das sie zu allerhand Betrachtungen aufgerufen haben mochte.

Sophie kam soeben mit Paul von einem weiten Spaziergange zurück. Beide beschrieben lebhaft das Vergnügen ihres Tages; Frau von Krüdener hörte sie jedoch nur mit halbem Ohre an.

„Ich habe Ihnen auch noch nicht erzählt, chère mama, daß ich die „Gedanken von Larochefoucault" jetzt fast zu Ende gelesen und immer mehr mich dabei überzeugt habe, Sie würden ein solches Buch weit schöner schreiben können," begann die Stieftochter jetzt, zu einem andern Thema übergehend, hoffend, daß es der Mutter vielleicht mehr Interesse einflößen würde, als der Bericht ihres Spazierganges. — „So Manches, was er sagt, habe ich häufig auch von Ihnen schon vernommen; nur mit andern, und mir schöner klingenden Worten. Wie bedaure ich, nicht mehr auf mein Gedächtniß rechnen zu dürfen, um aus der Erinnerung einen solchen Band Maximes zusammensetzen zu können, die gewiß weit mehr Anklang fänden, als diese hier."

Juliane war aufmerksam geworden.

„Du bist vielleicht zu parteiisch in der Sache, ma bonne Sophie!" erwiderte die Stiefmutter, ihr zärtlich die feine, weiße Hand entgegenstreckend, an der, außer ihrem Trauringe, noch ein großer Diamant funkelte. „Nächstens, wenn wir ein wenig Muße gewinnen, können wir ja gemeinsam einen Versuch zu einer solchen Zusammenstellung machen! Ich selbst wäre kaum darauf verfallen; doch Dein Vertrauen in mich weckt auch das eigene, und ich glaube nun selbst, daß ich es könnte."

„Darf ich Ihnen vielleicht etwas daraus vorlesen?"

„Nicht jetzt, chère Sophie. Eine ernste Sorge beschäftigt mich in diesem Augenblicke. Ich zittere für ein Menschenleben, das meinetwegen einer Gefahr ausgesetzt ist. Ich bedarf daher der Sammlung, weil ich hier schlichten soll. Thut mir also den Gefallen, lieben Kinder, und verlaßt mich, weil mir erst, wenn ich allein bin, die besten Gedanken kommen, die stets von Gott sind!"

Sie war noch nicht lange allein gewesen, als es draußen laut wurde. Sie horchte auf. Eine Minute später riß der Diener auch bereits die Flügelthüren auf und rief: „Seine Königliche Hoheit, Prinz Heinrich von Preußen!"

Der Gemeldete trat ein.

„Ich komme mein Wort zu lösen, liebe Baronin. Draußen ist der Bayard dieses Jahrhunderts, Ihr Ritter sans peur et sans reproche, der galante Golowkin, und wenige Schritte von hier halte ich den zu gelehrigen Schüler von Mademoiselle Juliette versteckt. Welchem von Beiden wollen Sie nun die erste Audienz gönnen, Gnädigste? Wer soll zuerst vor Ihrem mütterlichen Richterstuhl erscheinen?"

„Ich denke derjenige, welcher sich mir am nächsten befindet," versetzte Juliane mit einiger Unschlüssigkeit, die dem Wahne entsprang, es wolle der Prinz bei dieser Unterredung gegenwärtig bleiben.

„Gut. Also der Ritter Golowkin! Ich werde ihm

ankündigen, daß er eintreten kann, und mich zugleich entfernen; denn ich habe mein Wort nun Ihnen gegenüber gelöst und lege das Geschick der beiden Helden dieses Tages in Ihre Hand, Sie bittend, milde zu richten und Gnade für Recht ergehen zu lassen; denn ein Ja ist dem Himmel angenehmer als zehnmal Nein."

„Königliche Hoheit haben sich meinen ganzen Dank verdient," sagte Juliane, sich mit der sie auszeichnenden Grazie tief verneigend, „und ich zweifle nicht, daß es mir gelingen werde, die jungen Männer zu versöhnen."

Durch die sich dem Prinzen nun öffnende Thüre trat eine Minute darauf auch schon der junge Golowkin ein.

Seine bleiche Miene, sein glühendes Auge erschreckten Juliane. Die ruhige Haltung der ihm überlegenen älteren Frau annehmend, setzte sie sich auf das Canapé und winkte ihm, vor ihr Platz zu nehmen.

„Ich muß Sie schelten, mon ami," begann sie mit jenem sanften, freundlichen Ton der Stimme, der ihr schon so manches Herz gewonnen hatte. „Wie kommen Sie dazu, mit dem armen Darwin einen Streit zu beginnen? Und um einer solchen Kleinigkeit willen."

„Aber wissen Sie denn nicht? — Begreifen Sie

denn nicht?" rief der junge Mann, auffspringend und mit großen Schritten das Zimmer messend.

„Ich weiß und ich begreife," fiel ihm Juliane in das Wort; „doch das entschuldigt Sie immer noch nicht." —

„Wie? Sie errathen die Wünsche meines Herzens, Sie ahnen, was ich empfinde, und wollen dennoch, daß ich schweigen solle?" rief Golowkin feurig und sah sie dabei mit großen Augen an.

„Ich will es nicht nur — ich verlange es sogar von Ihnen als eine heilige Pflicht, als eine mir schuldige Rücksicht, daß Sie mit keiner Sylbe verrathen, was in Ihrem Herzen vorgeht; denn nur unter dieser Bedingung kann ich Sie länger noch bei mir sehen und Sie mit derselben Rücksicht behandeln, wie es bisher geschehen."

„Dann müssen Sie aber auch Jenem Ihr Haus verschließen!"

„Warum das? — Ich empfange ja so viele Herren, ich weiß daher nicht warum gerade er Ihnen so besonders anstößig sein sollte."

„Das können Sie noch fragen?"

„Wie sollte ich nicht? — Was können Sie an ihm zu tadeln finden?"

„Nichts — und Alles."

„Das heißt?"

„Daß ich ihn zu allen Teufeln senden möchte, so lange er sich einfallen läßt, mein Nebenbuhler sein zu wollen."

„Ihr Nebenbuhler?"

„Nun ja! Was sonst?"

„Das ist ja aber zum Lachen! Das können Sie doch im Ernste nicht meinen."

„Und warum nicht?"

„Aber so sagen Sie mir, mit welchem Erfolg er eine solche Rolle spielten würde?"

„Das läßt sich nie mit Bestimmtheit vorher sagen."

„Eine blinde Eifersucht verleitet Sie, ihn zu fürchten!"

„Mag sein; so ist es besser, daß nur Einer auf dem Platze bleibe."

„Unsinn! Und was gewännen Sie dadurch?"

„Entweder den Tod, um diese Qual zu enden, oder er bliebe, und ich könnte frei aufathmen."

„Aber so sagen Sie mir nur, was er Ihnen eigentlich Leides zufügt?"

„Sie glauben, ich könnte es mit Ruhe ansehen, wie er hier sitzt und ganze Stunden lang deutsche Vocabeln lernt, während seine Augen sich daneben ohne Worte verständlich machen!"

„Aber ich versichere Sie, daß ich nie Etwas in seinen Augen gelesen habe!"

„Aber ich habe es, ich! Und nun gar dieses verwünschte Zeitwort!"

„So hat Sie das wirklich so kritirt? Welch' ein Hitzkopf Sie sind, mon ami!"

„Dabei kalt zu bleiben! Nein, gnädige Frau, das verlangen Sie nicht von mir! — Zerreißen hätte ich ihn mögen, auf der Stelle zerreißen, wenn es eines Cavaliers nicht unwürdig gewesen wäre. Sie hätten es nur hören sollen, wie lieblich er sagte: „Ich liebe Dich, Du liebst mich, und welche Taubenaugen er dazu machte! Es kleidete ihn infam schlecht!"

„Mon Dieu! Solche Kleinigkeiten so hoch zu nehmen! Juliette ist noch ein halbes Kind. Lassen wir ihr diese Scherze. Glauben Sie es mir, daß sie von ihrer Seite ganz unschuldig sind."

„Mag sein! Ich kann es aber nicht dulden, daß er diesen Unterricht als Vorwand suche, um täglich und stündlich in Ihrer Gesellschaft zu sein. Diesen Vorzug kann ich ihm nicht zugestehen!"

„Warum aber nicht, da Sie doch wissen, daß mein

Herz ihm keinen zugesteht?" sagte Juliane mit einem Blicke zärtlicher Theilnahme, der ihn mit seinem Schicksal versöhnen sollte.

„Was hilft mir Ihre Güte, wenn er endlich doch in dem Herzen Ihrer reizenden Tochter einen Platz gewönne," sagte er, vor ihr hinknieend und die Hände flehend zu ihr erhebend. „Was hilft es mir, wenn Juliette sich ihm zuwenden sollte?. — Seien Sie barmherzig! Lassen Sie das nicht zu! Selbst nach meinem Tode nicht zu! Es ist dies vielleicht meine letzte Bitte an Sie."

„Sie reden irre," erwiderte Juliane ganz verwirrt. „Was geht es Sie an, wenn Juliette sich für Darwin interessirt?"

„Mich! Oh mein Gott! — Mich! Dessen ganze Seligkeit in dem Besitze dieses lieblichen Wesens liegt, die mein zu nennen, von deren Lippen ein Wort der Liebe zu vernehmen, mich namenlos glücklich machen würde!"

„Ich hätte Sie nicht für so thöricht gehalten," sagte Juliane mit sichtlichem Unmuthe und erhob sich. „Nach dem Besitze eines solchen Kindes zu streben! — Wer hätte das möglich geglaubt! — Nach dieser Erklärung kann ich Sie nun leider! nicht mehr bei mir empfangen,

Herr Golowkin; denn Juliette ist seit lange schon versprochen, und wenn Sie nur sie hier gesucht, so hört der Reiz dieses Umganges auf, sobald Sie die Hoffnungslosigkeit Ihrer Wünsche eingesehen haben."

„Es ist nicht möglich!" schrie der junge Mann auf und suchte Julianens Kniee zu umschlingen, um sie auf ihrem Platze festzuhalten. „Sie können kein so grausames Spiel mit meinem Herzen getrieben haben, gnädige Frau! — Sie können dieser wachsenden Neigung nicht zugesehen, sie nicht durch Ihr schweigendes Dulden genährt und bestärkt haben, ohne mir einen Wink zu geben, daß das Ziel meiner Wünsche unerreichbar sei; wenn die Hand Ihrer reizenden Tochter wirklich schon versagt wäre. Sie verzeihen mir also, wenn ich Ihren Worten keinen Glauben beimesse und sie für eine bloße Ausflucht nehme, um dem Irländer den Vorzug zu geben; doch nur über meiner Leiche hin wird er desselben theilhaftig werden."

„Sie sind kindisch!" sagte Juliane unmuthig. „Vor allen Dingen aber stehen Sie auf! Was würde man davon denken, Sie in dieser Stellung zu sehen? Wie gesagt: ich konnte mir unmöglich sagen, daß Sie meine Gesellschaft dieses Kindes wegen suchten; Sie können mich daher auch nicht für die Folgen verantwortlich machen. Ja, hätten Sie sich noch um Sophie beworben! — Aber Juliette ist noch viel zu jung — kommt noch gar nicht in Betracht. Vielleicht mit der Zeit — nach Jahren — können Sie sich um sie bewerben, im Falle sie dann noch frei ist. Aber, wie gesagt, ich habe meine Pläne mit ihr und, freilich ohne ihr Wissen, des Kindes Hand versprochen."

„Wenn ich nun aber den Vorzug erhielte?"

„Den sollen Sie aber nicht erhalten. Ich werde dem vorzubeugen wissen."

„Und Sie wollen mir den Glücklichen nicht nennen, dem Sie diesen Schatz zugedacht haben?"

„Was thut das zur Sache?"

„Es ist nicht Monsieur Darwin! — Es ist gewiß nicht er, der mir im Wege steht."

„Mein Wort darauf! — Sie sehen also, wie unnütz jeder Streit mit ihm ist, und ich verlange von Ihnen, daß Sie sich augenblicklich mit ihm versöhnen und ihm in meinem Namen sagen: meine Tochter würde ihm keinen Unterricht mehr ertheilen und es würde mir lieb sein, wenn er meine Gesellschaft von jetzt an meiden wollte, weil ich nach dem Aufsehen ihres heutigen Zwistes Sie Beide nicht mehr empfangen könnte."

„Gott Lob!" seufzte Golowkin, über dem Unglück seines Nebenbuhlers sein eigenes Schicksal vergessend: „Gott Lob! So wird er mir wenigstens nicht vorgezogen und — Sie haben mir nicht alle Hoffnung genommen, mich auf's Neue Ihnen nähern und um Juliettens Hand bewerben zu können? Verstoßen Sie mich auch jetzt; so wollen Sie mich doch später wiedersehen?"

„Wie gesagt, wenn meine Wahl nicht den Beifall meiner Tochter haben sollte, so können Sie sich auf's Neue um sie bewerben; doch, eine Bedingung: Sie versöhnen sich in dieser Stunde noch mit Darwin und bringen ihn mir selbst her, damit ich Ihre Hände in einander lege."

„In zehn Minuten soll Ihnen dieser Wunsch erfüllt werden," sagte der junge Mann und stürzte fort.

Juliane trat vor ihren großen Wandspiegel. „Wieder eine Täuschung!" sprach es in ihr. „Ich glaubte mich geliebt und — bin es nicht. Der Traum ist wieder ausgeträumt und bitter ist das Erwachen. Nur bei Gott ist die Wahrheit, nur er liebt uns ohne Ansehen der Person. Ich bin recht, recht unglücklich!"

Sie schellte und befahl, Alles zur Abreise vorzubereiten.

Sechstes Kapitel.

Das Fest in Coppet bei Frau von Staël.

Frau von Staël saß angekleidet in dem Salon ihres Vaters, die Ankunft der Freunde erwartend, welche sie, vor ihrer Abreise nach Paris, noch einmal zu einem Feste nach Coppet beschieden.

Herbstliche Tinten färbten bereits die Landschaft, die Gipfel der Berge des jenseitigen Seeufers, die sie von ihrem Platze am Fenster aus übersah, zeigten weiße Häupter, und ein kalter Hauch lag auf der Landschaft, vermehrt noch durch den strengen Ostwind, la bise, der jede Wolke am Himmel heute schon vor ihrem Erwachen verjagt hatte.

Benjamin Constant saß ihr gegenüber und las ihr ein Kapitel aus ihrem Romane „Delphine" vor, den sie gestern vollendet hatte und während ihres Winteraufenthaltes in Paris der Oeffentlichkeit übergeben wollte. Necker war während dieser Zeit hinabgestiegen in den Garten, um ungestört seinen Spaziergang in dem kleinen

Gehege zu machen, wo seiner angebeteten Gattin irdische Ueberreste ruhten.

„A propos," unterbrach sie jetzt die Lectüre, „ich habe noch vergessen, daß Sie heute eine Dame kennen lernen werden, die, wie ich glaube, den ächten Typus deutscher Weiblichkeit besitzt, den Sie ja so sehr bewundern."

„Und wie heißt sie?" fragte der so Angeredete gähnend.

„La Baronne de Krüdener."

„Krüdener? Den Namen muß ich schon gehört haben."

„Ohne Zweifel trügt Sie Ihr Gedächtniß darin nicht. Sie ist die Gattin des Russischen Gesandten in Berlin und hat es sich in den Kopf gesetzt, mir nachahmen zu wollen, was ihrer deutschen Sentimentalität aber nicht gelingt. Sie hat sich einen Winter, wo ich in Paris blieb, Lausanne zum Aufenthalt erwählt gehabt und dort Feste veranstaltet, bei denen sie selbst, wie eine zweite Herobias, den Gästen vorgetanzt. Ich dächte, Sie müßten ihr damals irgendwo begegnet sein. Besinnen Sie sich nur darauf."

„Benjamin Constant fuhr mit der Hand durch die spärlicher werdenden blonden Haare und sagte träumerisch:

„Es ist möglich; doch habe ich keine Erinnerung davon bewahrt."

„Das ist nicht schmeichelhaft für die Dame, besonders nicht, wenn Sie ein besseres Gedächtniß besitzen sollte, woran ich gar nicht zweifle; denn alles was mich betrifft, ist ihr unvergeßlich. Ich bin überzeugt, daß sie kein anderer Grund nach der Schweiz führt, als der Neid meines Ruhmes!"

„Ich glaubte, sie sei sentimental?" fragte Constant, immer noch halb abwesend.

„Nun ja; warum auch nicht?" erwiderte Frau von Staël lebhaft. „Sie schmachtet; sie sucht Liebe, sie will in Empfindungen leben und vor Allem ihrer Eitelkeit Nahrung zuführen."

„Das wird sie doch nicht durch Ihren Anblick zu thun vermögen? sagte Constant apathisch, jedoch mit leisem Spotte. —

„Warum nicht? Sie will von mir lernen, wie man die Männer an sich fesselt, auch wenn die Reize der Jugend das Auge nicht mehr bestechen."

„Puh!" rief Constant wegwerfend.

„Sie glauben das nicht? Und doch ist dem so. Wollen Sie mit mir wetten, daß diese Frau in ihrem

Alter der Gesellschaft den Shawltanz noch vortanzen wird, wenn ich sie dazu auffordere?"

Zu träge zu reden, bewegte Constant nur mit ungläubiger Verneinung sein Haupt.

„Gut denn! Abgemacht! — Wer von uns recht behält, schuldet dem Anderen"... Sie flüsterte ihm etwas in das Ohr. Er nickte.

„Also sind wir einig, und mein ist die Aufgabe, Ihre nervöse Deutsche dahin zu führen, wohin ich sie haben will."

Ein Wagen fuhr jetzt vor und unterbrach ihr Gespräch. Das Manuscript wurde bei Seite gelegt und Frau von Staël warf rasch noch einen Blick in den Spiegel, aus dem ihre großen schwarzen Augen ihr leuchtend wiederstrahlten, während sie die schöne Hand an den Kopf trug, um die kurz geschnittenen dunkeln Locken, die ein turbanartiges, grün mit Silber durchwundenes Bandeau hielt, auf ihrer Stirne zu ordnen. Dann wandte sie sich zurück und trat den Ankommenden entgegen.

Die Gäste des Hauses fanden sich indessen auch ein, von Genf herüber kamen Madame Rilliet-Huber und Necker de Saussure und viele Andere, so daß ihr kleiner Salon bald gedrängt voll war.

„Beginnen wir Etwas!" schlug Frau von Staël vor. „Gehen wir in den Comödiensaal hinunter und führen Charaden auf; dann machen wir einen Spaziergang bis zur Mittagszeit; nach dem Mahle folgt eine Wasserfahrt und Abends ein Singspiel, Raketen und ein kleiner Tanz. Dies ist das Programm des Tages."

Constant hatte sich während der Zeit entfernt, um seine Kräfte für so viele wechselnde Genüsse aufzusparen, und kehrte erst wieder, als die Freuden des Mahles ihn riefen.

„Sie sind abgespannt, wie eine Frau," flüsterte ihm Frau von Staël in das Ohr, sowie er in ihre Nähe kam. „Ich hatte Ihnen den Platz an der Seite der reizenden Thusnelda zugedacht. Nun ist es dazu zu spät."

„An wessen Seite?" fragte er verwundert.

„Wozu die Verstellung? — Sie kennen ja unsere Wette?"

„Ach so! — Wo ist sie?" fragte er, mit suchendem Auge den Kreis durchforschend.

„Dort am zweiten Fenster, die Dame in Himmelblau, das schwarze, von Diamanten blitzende Sammetband in dem lichtblonden Haare; das ist sie!"

„A la bonne heure! — Ihrem Geschmacke muß

man Gerechtigkeit wiederfahren laſſen. Sie ſieht reizend aus."

„In der Ferne; näher kommend, werden Sie den Griffel der Zeit bemerken."

„Auch die Phyſiognomie iſt intereſſant, ſie ſpricht lebhaft, doch zugleich mit Haltung und Grazie! Sie gefällt mir!"

„Da ſehen Sie nun, was Ihnen verloren gegangen iſt; denn jetzt bietet ſich die Gelegenheit zu einer Vorſtellung nicht ſogleich."

„Pah! Wenn es nur das iſt," ſagte Conſtant wegwerfend, „da finde ich ſchon ſelbſt ein Auskunftsmittel," und Frau von Staël verlaſſend, ſchritt er gerade auf Juliane zu, und ſich tief vor ihr verbeugend, redete er ſie an:

„Ich weiß nicht, ob ich ſo glücklich bin, in Ihrer Erinnerung noch einen Platz einzunehmen, Madame; allein Sie müſſen verzeihen, wenn mein Gedächtniß mir treuer geweſen iſt, wie das Ihrige, und Benjamin Conſtant de Rebecques den Augenblick nicht erwarten kann, um Ihnen zu verſichern, wie glücklich es ihn macht, einige Stunden in Ihrer Geſellſchaft zubringen zu dürfen."

Juliane verneigte ſich mit all' ihrer Grazie und erwiderte angemeſſen die artige Anrede. Auch war ſie in der That seiner ganz wohl eingedenk; denn seine Beziehung zu Frau von Staël machte ihn zu einer vielgenannten Persönlichkeit, die Jeder kennen wollte, um selbst zu beurtheilen, was eine so bedeutende Frau an ihn zu fesseln vermochte.

Als nun in diesem Augenblicke das Diner angekündigt ward, bot er Julianen sogleich den Arm und eroberte sich auf diese Weise den Platz, welchen, wie Frau von Staël meinte, er durch seine lange Abwesenheit sich verscherzt hatte. Aus der Ferne warf er ihr einen Blick des Triumphes zu, der dies ausdrückte und von ihr mit einem Lächeln erwidert ward.

Juliane ihrerseits sah sich nicht ohne Befriedigung von einem Manne ausgezeichnet, der die Gunst der Frau besaß, die sie auf dieser Welt allein beneidete; sie entfaltete daher vor ihm alle Reize ihrer Unterhaltungsgabe und nahm ihn ganz für sich ein, wozu bei einem so leicht beweglichen Gemüthe, das jeder neuen Empfindung sogleich hingegeben war, nur wenig gehörte.

Da sie deutsch mit einander redeten, konnten sie um so unbefangener ihre Unterhaltung führen; denn die Gesellschaft bestand größtentheils aus solchen, denen diese Sprache fremd war. Juliane erzählte ihm von ihrem Aufenthalt in Teplitz, der noch mit glänzenden Farben in ihrer Seele eingeschrieben stand, und von ihrer Abneigung, nach Berlin zurückzukehren oder sonst wohin, um die Rolle einer Gesandtin zu spielen, wozu sie mit ihrem für das Wahre und Schöne allein empfänglichen Sinn, sich für untauglich erklärte, und sie bekannte ihm schließlich: daß sie, ohne zu wissen, wie und warum, einem inneren Triebe folgend, nach Genf geeilt sei.

"Nennen Sie es Ahnung oder wie sie wollen, Herr von Rebecques; allein immer stärker ruft es in mir, dem nachzuleben, was meiner Natur Bedürfniß ist und meine innere Entwickelung nicht zu hemmen droht. Wie die Blume das Licht, so suche ich die Sonne menschlicher Erkenntniß. Ich muß geistig streben oder ich ersterbe."

"Und nicht das Glück suchen Sie?" fragte er sie mit vielsagendem, zärtlichem Blicke.

"Das war ein Traum, dem ich nachhing, so lange der Schmetterling in mir als Raupe verpuppt lebte; ich suchte es und fand es nie, Herr von Rebecques. Jetzt aber glaube ich den Weg gefunden zu haben, der mich langsam, aber sicher dem meiner Natur gesetzten Ziele zuführen wird."

"Und das ist?" sagte er, sie verwundert anblickend.

"Mit diesem Himmel in der eigenen Brust der Welt die Versöhnung zu bringen."

Constant schlug das Auge nieder und sah verlegen aus; denn ihre Worte erregten in ihm die Idee, daß sie einen höchst gefahrvollen Weg wandele, den Eitelkeit und eine ungeregelte Einbildungskraft sie einzuschlagen gelehrt.

„Darf ich fragen, was Sie unter dem Himmel in der eigenen Brust verstehen?" fragte er sie zögernd.

„Die Reinheit meiner Seele, die von keinem Falsch weiß, die nur das Gute will und den Thau ihrer Liebe, gleich der Gottheit, auf die Gerechten und die Ungerechten fallen lassen möchte."

„Da darf ich doch in jedem Falle nicht leer ausgehen," erwiderte er lächelnd; „minder schmeichelhaft aber wird dieser Vorzug allerdings, wenn er uns nicht als Ausnahme trifft und nur der Ausdruck einer allgemeinen Empfindung ist, statt daß man für sich allein darauf Rechnung machen möchte."

„Dies Begehren wäre Eitelkeit, die man in sich ertödten muß," gab sie sehr ernst zurück; „sowie man überhaupt mit allen Leidenschaften gebrochen haben soll, bevor der neue Tag in uns mit neuem Lichte heraufziehen kann."

Benjamin Constant brach hier geschickt von diesem Gegenstande ab und suchte der Unterhaltung eine mehr heitere Wendung zu geben; denn seine Nachbarin kam ihm etwas unklar in ihrer Anschauung vor, und was sie sagte, machte ihn besorgt, sie sei auf gutem Wege, den Verstand zu verlieren. Er nahm sich jedoch vor, Frau von Staël davon nichts mitzutheilen, weil sie es nur auf Rechnung der deutschen Frauenbildung setzen würde, die er zu vertheidigen sich berufen fühlte.

Der noch immer fortdauernde Sturm vereitelte die Spazierfahrt auf dem See und nöthigte Frau von Staël, für die Unterhaltung ihrer Gäste im Hause zu sorgen; Constant gewann dadurch auf's Neue Zeit, sich der blonden Gesandtin zu nähern. Schon lange begierig, seine Meinung über Frau von Staël zu erforschen, leitete sie nun sogleich die Unterhaltung auf diese.

„Sie genießen des seltenen Vorzugs, die Freundschaft der berühmtesten und geistreichsten Frau der Erde zu besitzen, Herr von Rebecques," redete sie ihn an, „und sind dadurch verwöhnt. Man sollte sich nun eigentlich vor Ihnen fürchten; denn Sie haben gelernt, zu hohe Forderungen an unser Geschlecht zu machen, um leicht zufrieden gestellt zu sein."

„Und bin es doch heute vollkommen," erwiderte er mit jener lächelnden Galanterie, die der Salonton von Paris Jeden lehrt.

„Der Ruhm ist für uns Frauen eine Blume, die

auf unserm Lebenswege nur selten blüht; um so glücklicher wird Frau von Staël sich schätzen müssen, sie so ungetheilt gepflückt zu haben," fuhr sie fort, um ihrem Ziele näher zu rücken."

„Es ist eine Rose mit vielen Dornen, die der Neid ihrer Mitschwestern gespitzt hat, und leider! ist sie nicht unempfindlich gegen diese Stacheln," sagte er leicht hin. „Ihr schönes, großes Herz bedarf des Wohlwollens, sie will nicht nur bewundert, sie will geliebt sein und, was sie in so reichem Maße Anderen ist, mit geringen Zinsen zurückempfangen; da kränkt es sie denn auf das Tiefste, wenn Frauen, wie z. B. diese Genlis, sie in den Staub zu ziehen bemüht sind."

„Von wem sprechen Sie?" rief hier Frau von Staël, die, von Beiden unbemerkt, ihnen näher getreten war. „Von meiner Feindin, die ich nie mit einer Silbe gekränkt habe? Ach! Das ist der bittere Tropfen in dem Becher so vieler guten Gaben, die mir das Schicksal zugetheilt hat; daß ich leiden muß von der kleinlichsten, erbärmlichsten aller menschlichen Eigenschaften, dem Neide, womit Frauen meine geistige Ueberlegenheit an mir rächen, während ich so gern, so freudig alles Gute anerkenne, alles Schöne rühme, womit sie die Natur geschmückt hat, wie das zum Beispiel in meiner unvergleichlichen Récamler der Fall ist! Ach! Madame! Es ist schön, bewundernd lieben und liebend bewundern! Auch Ihnen gegenüber möchte ich dieses Vorzugs genießen und bitte Sie daher, uns das Vergnügen zu machen, Sie tanzen zu sehen?"

„Mich?" rief Juliane überrascht. „Sie wissen? Sie haben davon gehört?"

„Wie sollte ich nicht!" fiel Frau von Staël rasch ein. „Ganz Lausanne war ja voll Ihres Lobes, rühmte Ihre Grazie, Ihre Haltung, das schwebende Ihres Ganges, Ihrer Bewegungen, kurz die Anmuth und Poesie dieses eine Empfindung ausdrückenden Tanzes, den man ein zur Handlung gewordenes Gedicht nennen könnte. Herr von Rebecques, vereinigen Sie Ihre Bitten den meinigen, damit uns und der Gesellschaft dieser Genuß zu Theil werde."

Constant verbeugte sich, nur lächelnd, als wolle er seine Einwilligung durch die stumme Bewegung ausdrücken; Juliane vertheidigte sich nur noch mit halben Worten, und Frau von Staël winkte einen Diener herbei, der den schon im Voraus bestellten blauen Shawl bringen mußte, gab der Musik ein Zeichen, hieß die Gesellschaft sich an die Wände des Saales zurückziehen und Frau von Krüdener trat vor.

Obwohl die erste Jugend weit hinter ihr lag, so war ihr doch die nur dieser gehörende Elasticität und Biegsamkeit des Körpers geblieben, die noch immer vollendet schönen Arme und Hände liehen jeder neuen Stellung neuen Reiz, und die Beleuchtung, die geschmackvolle Kleidung, das blaue Tuch neben dem blonden Haupte und der weißen Hautfarbe, das Alles verlieh ihrer Erscheinung etwas Feenhaftes, und heute, wie vor siebzehn Jahren in Venedig, wandte sich kein Auge von ihr ab und als sie geendigt, lohnte sie rauschender Beifall.

Niemand aber sprach so warm ihr Lob aus, wie die Wirthin selbst. Frau von Staël war in sich zu groß und zu bedeutend, um einer Regung des Neides fähig zu sein, und mit wahrem Vergnügen pries sie auch heute, wie immer, das Talent einer Frau, mochte sie es ihr gleich verargen, es hier zur Geltung zu bringen. „Das ist ihre Sache," dachte sie; „und wenn es ihr Freude macht, warum nicht? Uns hat es gleichfalls einige heitere Momente verschafft und, wie sagt Constant stets, daß sein Schiller gesungen habe? „„Was Du von der Minute ausgeschlagen, bringt keine Ewigkeit zurück.""

„Ich bin Ihnen dankbar, wahrhaft dankbar," begann sie, sich Julianen wieder nähernd, „und werde dieser Stunde ein ewiges Denkmal setzen, indem ich in meinem

Buche die Heldin tanzen lasse, wie Sie soeben getanzt haben."

„Welches Buch?" fragte Juliane neugierig.

„„Delphine"" nenne ich es. Es ist eine Herzensgeschichte. Eine reizende junge Frau kommt in tausendfache Verlegenheiten und schadet ihrem Rufe, indem sie stets ihrer ersten Regung *) folgt und alle Lebensklugheit aus den Augen setzt. Sie müssen es lesen, wenn es vollendet ist, und mir sagen, ob ich ein solches Frauengemüth richtig geschildert habe."

„Welche Sympathie unter uns!" rief Juliane verwundert. „Auch ich schreibe eine Herzensgeschichte und auch meine Heldin tanzt."

„En verité," sagte Frau von Staël lächelnd. „So zweifle ich nicht, daß Beide eine Person sind. Très bien! Wir müssen uns darüber noch näher verständigen. Sie bleiben einige Tage hier; dann läßt sich mit Muße Manches durchsprechen, wozu bei so flüchtigem Beisammensein die Zeit ermangelt."

Juliane fühlte sich außerordentlich geschmeichelt durch eine solche Einladung von der berühmten Frau und nahm sie an. Sie war jedoch zerstreut und gab nicht Acht

---

*) Premier mouvement.

mehr auf das, was um sie her vorging; denn es quälte
sie der Gedanke an das Buch, worin sie geschildert werden sollte, und schon setzte sich die Ueberzeugung in ihr
fest, sie sei die Heldin desselben. Wie viel mußte also
von ihr gesprochen worden sein, um einer solchen Frau
diesen Eindruck zu hinterlassen und sie zu dauernder Beschäftigung mit einem Charakter, wie der ihrige, anzuregen? In der französischen Gesellschaft, unter geistreichen
Leuten, da verstand man sie und erkannte ihren Werth,
davon hatte sie jetzt eine glänzende Probe erhalten; während man im Norden sie nur wie eine nicht ganz gewöhnliche Frau behandelte. Wie froh war sie in diesem
Augenblicke über ihren Entschluß, Teplitz heimlich und
gegen den Willen Herrn von Krüdener's verlassen zu
haben; denn wäre sie zu diesem nach Berlin zurückgekehrt und hätte den allen Kreislauf diplomatischer Feste
feiern helfen, so würde sie nicht einmal erfahren haben,
welch' ein Werk unter der Feder der berühmten Frau
sei und weniger noch hätte sie vor ihr tanzen und einen
ewigen Nachruhm sich damit gewinnen können. „Meine
Ahnung!" sagte sie sich wohl hundert Mal. „Ich mußte
hieher kommen, wie ich jetzt nach Lyon gehen muß, um
mein Bullin gegebenes Wort zu lösen. Ach! wenn Juliette sich dort verheirathete und Frankreich mir dadurch

zu einer zweiten Heimath würde, welch' ein Glück für ihre arme Mutter!"

Solche Selbstgespräche kürzten ihr die Zeit und sie hörte kaum, als Benjamin Constant sie anredete und ihr Zerstreuung vorwarf.

„Wie sollte man nicht!" erwiderte sie ihm, schnell ein Lächeln heraufbeschwörend. „Wo man so viel Anlaß findet zum Denken, schließt sich die Seele von der äußeren Welt gern ab."

„Lassen Sie das, bis wir Sie entbehren müssen, liebe Baronin; bedenken Sie, daß für uns Stunden zu Minuten werden, die wir mit Ihnen zugebracht, und wiederum Minuten zu Stunden."

„Ich wünschte mir so manche Ihrer geistvollen Worte notiren zu können; denn das Gedächtniß ist nicht immer getreu," sagte Juliane mit Ueberzeugung.

„Wenn Ihnen etwas, das mein Mund gesprochen, der Mühe des Behaltens werth scheint, so gestatten Sie mir die Wiederholung, damit ich zugleich meinen Lohn für einen guten Gedanken in Ihrem Beifalle finde."

„Es weht eine eigene Luft in der Umgebung dieser bedeutenden Frau," sagte Juliane nachdenklich; „und mir ist hier zu Muthe, als wäre ich in eine andere Welt gerathen, als die ist, welche ich bisher gekannt, und als

sei hier ein Coppet meine eigentliche Heimath. Ich fühle
mich hier geistig wohl und beruhigt, wie nirgends sonst."
„Das könnte uns den Vortheil gewähren, Sie nicht
sobald von hier scheiden zu sehen, Madame, wie Sie
sonst grausam genug sein möchten, uns strafen zu wollen."
Juliane lächelte.
„Man kommt mit Ihnen nicht aus dem Wortstreite,
Herr von Rebecques, und steht dabei immer im Nach-
theile, so fein und gewandt sind Ihre Erwiederungen.
Sie sind in dem Bezug ein ganzer Pariser."

Wie ein glücklicher Traum schwand ihr der folgende
Tag dahin, und mit schwerem Herzen schied sie, unter
dem gegebenen Versprechen, das sie jedoch mehr sich als
den Anderen leistete, in Paris wieder mit Frau von
Staël zusammentreffen zu wollen.

Ihr Selbstgefühl war durch dies kurze Beisammensein mit der berühmten Frau um Vieles gesteigert worden;
denn sie hatte versucht, sich mit derjenigen zu messen,
welche so hoch über die ganze Frauenwelt emporragte,
und wenn sie dabei auch wohl mitunter fühlte, wie sehr
sie ihr an Kenntnissen, an Logik und an der Gabe des
glücklich gewählten Ausdruckes nachstände, mit dem Jene
so schlagend traf und jeden Widerspruch beseitigte, so
hatte sie doch auch ihren Theil Beredsamkeit aufzuweisen

vermocht, der, aus der Empfindung hervorgehend und von einem feinen Instincte unterstützt, mit Wärme und feinem Tacte zu unterscheiden und oft wunderbar richtig eine Sache zu beleuchten wußte. Namentlich hatte sich dies in einem Gespräche über die Philosophie Hume's erwiesen, worin man das Kapitel: ob die Moral ein Kind der Vernunft oder des Gefühles sei, ernsthaft beleuchtet und Juliane endlich, mit Wärme ihre Seite der Sache vortragend, in gewissem Sinne den Sieg davon getragen hatte.

Als sie ihre Wohnung erreichte, fand sie Madame Armand, unter deren Schutz sie ihre Kinder zurückgelassen hatte, noch wach und ihrer harrend.

„Sie haben mir Sorge gemacht, chère amie," redete sie sie an. „Freilich darf man nicht mehr bangen, daß Sie auf der großen Heerstraße verloren gehen werden; dennoch aber war es mir ängstlich, Sie gestern Abends nicht zurückkehren zu sehen. Was konnte Sie so lange dort festhalten?"

„Ach! Es war köstlich, einzig! Welche Unterhaltung! Welcher Geist!" rief Juliane, noch ganz entzückt von den eben erlebten Stunden. „Und dieser Constant ist es werth, daß man ihn liebe; denn er besitzt ein wunderbares Talent, dem Munde einer Frau das zu entlocken, was sie Bestes zu sagen versteht. Ja, ein solcher Hausfreund ist ein wahrer Schatz. Wie beneide ich die Staël darum!"

„Also ganz berauscht von Ihrem Aufenthalte! Nur, wenn man die Saiten so hoch spannt, dann lassen sie um so schneller nach."

„Das glauben Sie nicht! Sie müssen nur erst Alles wissen! Sie müssen erst hören, wie gut es mir ergangen ist!"

Sie wollte ihr nun eben das Erlebte umständlich mittheilen, mit der Erzählung, daß die berühmte Frau sie zur Heldin ihres Buches gemacht, als sie sich plötzlich inmitten eines Satzes unterbrach, indem ihr Auge von ungefähr auf den Tisch fiel und das wohlbekannte Format eines Briefes von Herrn von Krübener erkannte.

„Ah! Da wird es Vorwürfe geben!" rief sie, die Hand nach dem Schreiben ausstreckend und es entsiegelnd. „Allein, was er auch sagen möge, das Glück dieser Tage wiegt Alles auf und um nichts in der Welt möchte ich die dadurch in meiner Seele erweckte Empfindung hingeben! Auch ich habe einen Schuldbrief an das Glück einzulösen."

Sie las:

„Dein Brief vom 18. August hat mich tief be-
„trübt, ma chère amie. Nach unserer letzten Ueber-
„einkunft, ich gestehe es, dachte ich nicht an die Mög-
„lichkeit einer neuen Trennung. Du kannst das Auge
„nicht schließen gegen die unseren Kindern daraus er-
„wachsenden Nachtheile, und ich sage Dir mit der
„Aufrichtigkeit eines wahren Freundes, daß die Pflicht
„Dich auffordert, Deinen Platz im Kreise Deiner
„Familie einzunehmen. Du sprichst von der Noth-
„wendigkeit, uns einzuschränken, und doch ist die Füh-
„rung von zwei getrennten Haushaltungen eine Ver=
„mehrung des Aufwandes. Meine Ausgaben kann
„ich nicht beschränken; denn meine Stellung bringt sie
„mit sich, und ob Du hier bist oder nicht, vermehrt
„oder vermindert sie wenig. Oftmals habe ich Dir
„freigestellt, nach Deinem Ermessen mein Haus zu
„regeln und hier ganz nach Neigung und Gefallen zu
„leben. Du sagst, Deine Gesundheit verbiete Dir,
„die große Welt zu sehen, und dieser Grund läßt kei=
„nen Einwand zu. Erlaube mir aber, dabei zu be-
„merken, daß die Schweizer Berge eine Gesundheit
„nicht herstellen werden, welche das gemäßigte Clima
„Berlin's nicht ertragen konnte; ist Dein Entschluß
„jedoch gefaßt, so weiß ich, daß meine Vorstellungen

„ihn nicht erschüttern können. Ich bin mir selbst diese „Bemerkungen schuldig und überlasse es Deinem Ge„wissen, die Folgen Deines Entschlusses sowohl für „Dich, wie für unsere Kinder zu erwägen."

„Mögest Du dann nie einen Entschluß bereuen, „der auf's Neue die Glieder unserer Familie trennt „und unsere Kinder einander entfremdet. Meine besten „Wünsche für Deine Gesundheit und für Dein Glück „begleiten Dich. Ich umarme Juliette und bin mit „Herz und Seele Dein aufrichtiger und treuer Freund.*)

Sie hatte dies Schreiben unter gemischten Empfindungen zu Ende gelesen, bei denen das Gefühl ihres Unrechtes wohl nicht die kleinste Stelle einnahm. Sich dieses Gefühles zu entledigen, warf sie, wie alle schwachen Charaktere, denen nichts so peinlich ist, als sich eines Fehlers anzuklagen, während der Starke leicht sein Vergehen eingesteht, sogleich die Schuld auf einen Anderen. Wer war hier anzuklagen? Nicht sie, sondern er.

„Ewig der gemäßigte Diplomat!" rief sie voll Unmuth aus, während Thränen ihren Augen entstürzten. „Und wenn das Haus in Flammen stäube, so würde seine unerschütterliche Ruhe ihn noch nicht verlassen. Le-

---

*) Eigenhändiger Brief des Herrn von Krüdener.

sen Sie diesen Brief, meine Armand, und sagen Sie dann, ob das Worte sind, die mir an das Herz bringen können. Es ist Alles vortrefflich und gut gesagt, allein es weht ein kalter Hauch hindurch; es fehlt der mächtige Impuls, die leidenschaftliche Wärme, die dem Gemüthe wohl thut. Ach! Was ist das Leben, ohne Liebe! Und immer zu Gott mit seinem Herzen flüchten sollen, der so weit von uns ist und uns so fern steht! Welche Einsamkeit, als die des Herzens! Ich bin allein, außer wenn ich mit Gott bin oder Er mit mir ist."

„Ich finde ihn nur milde und resignirt," sagte Madame Armand, als sie zu Ende gelesen, „und es steht ein Etwas zwischen diesen Zeilen, das mich wie Todesahnung anweht. Der Ton des Briefes ist so hoffnungslos. Herr von Krüdener ist doch nicht etwa krank? Ich könnte, nach diesen Zeilen zu urtheilen, recht besorgt um ihn werden."

„Krank? — Nein! Er genießt körperlich der besten Gesundheit, wie immer. Nur sein Kopf ist schwach und eine Neigung zum Schwindel hat sich in dem letzten Jahre häufig gezeigt, die Folge einer zu sitzenden Lebensweise. Sophie soll zu ihm gehen, sie ist sein Lieblingskind und mag ihn trösten über die Abwesenheit seiner übrigen Familie. Meine Gegenwart erhöht sein Glück nicht; ich will daher nicht Jahre meines Lebens opfern, die mir noch so reichen Gewinn bringen können. Später — im Alter, — wenn wir von Erinnerungen zehren, dann kehre ich zu ihm zurück und rede mit ihm von der Vergangenheit. Jetzt will ich noch einsammeln. Die Zeit wird bald genug da sein, die schlimme, schlimme Zeit! wo das Leben still steht."

Sie begab sich zur Ruhe; doch der Schlummer floh ihr Auge. „Gott! mein Gott!" betete sie, „gieb mir den Frieden des Herzens, gieb mir die Kraft, mich selbst zu überwinden! gieb mir den Muth, meine Pflicht zu thun!" Allein die Kraft ward ihr nicht, weil ihr der ernste Wille fehlte, sie in sich zu erzeugen, und Gott giebt nur, was wir uns auch selbst geben wollen.

Siebentes Kapitel.

Ein Diner in Paris.

So wie die Blätter gefallen sind, kehren die Bewohner von Paris in die Hauptstadt zurück und die geselligen Vergnügen beginnen ihren alljährlichen Kreislauf; Juliane von Krüdener wünschte daher mit dem Anfange December dort einzutreffen, und hatte im Voraus durch ihren alten Freund Bernardin de St. Pierre auf dem Boulevard des Italiens, dem beliebtesten, aber auch theuersten Quartier, eine kleine Wohnung für sich miethen lassen.

Da sie es nicht über sich gewinnen konnte, dem Gebote der Pflicht Folge zu leisten; so wollte sie in dem Strudel des bewegten Lebens alle Mahnungen ihres Gewissens zu übertäuben versuchen, und je lauter die innere Stimme sie verklagte, um so leidenschaftlicher gab sie sich nun jedem Reize der Neuheit hin und suchte in fortwährender Aufregung Vergessen zu finden.

Ihr erster Besuch bei ihrer Ankunft galt Frau von

Staël, um sie an ihr Versprechen zu mahnen, sie mit Herrn von Châteaubriand bekannt zu machen, dessen „Génie du Christianisme" in dem Augenblicke ganz Frankreich von ihm reden machte und ihn zum Helden des Tages erhob, so daß ihn zu kennen zum guten Ton gehörte. Eine Einladung auf den folgenden Tag sollte ihr sogleich diesen Wunsch erfüllen. —

Mit besonderer Sorgfalt kleidete sie sich nun für diese Gelegenheit an; denn es lag ihr viel daran, auf die Tischgäste der berühmten Frau einen vortheilhaften Eindruck hervorzubringen. Ein Autor, der so ernsten Fragen nachging, wie sie der religiöse Glaube aufwirft, würde, — so überlegte sie — in seiner Seele, eine Himmel anschauende Richtung tragen, und die Stimmung des Menschen bestimmt seinen Farbengeschmack. Alles Bunte mußte seinem Auge demnach verhaßt sein. Schwarz schien ihr zu finster für seine versöhnende Milde, weiß zu ausdruckslos; so blieb ihr denn nur grau. —

Ein schönes Silbergrau, mit schwarzen Spitzen, das kurz geschnittene blonde Haar gelockt, um die Stirne ein Sammetband, an dem heute keine Diamanten blitzen sollten, sondern nur eine einzelne, wie verloren hineingeschlungene Granatblüthe, während ein Bouquet gleicher Blüthen ihre Brust zu schmücken bestimmt war. Die

schönen, bis zum Ellenbogen mit grauen Handschuhen
bedeckten Arme, die sie dann während des Essens ab-
streifen mußte, um deren vollendete Rundung zu zeigen,
zierte ein schmales schwarzes Sammetband, zusammen-
gehalten durch eine große ächte Perle. So gekleidet, trat
sie in den Salon ihrer Wirthin und brachte sogleich
den vortheilhaftesten Eindruck hervor.

Ihr reizendes, unbefangenes Lächeln, gepaart mit
einer gewissen naiven Einfachheit des Ausdruckes, dem
Alles zu sagen erlaubt ist, weil er scheinbar nichts auszudrücken bezweckt, nahmen alle Anwesenden sogleich für
sie ein, und Jeder bestrebte sich nun seinerseits, sie für
sich zu gewinnen.

Herr von Châteaubriand wurde ihr Tischnachbar.
Unbefangen erzählte sie ihm, daß sie nur seinetwegen
nach Paris gereist sei, und er glaubte ihr das vollkommen; denn es schien ihm bei seiner Eitelkeit ganz natürlich zu sein, daß ein gläubiges Gemüth, wie das ihrige,
den Verfasser des „Genius des Christenthums" aufzusuchen, so weit hergekommen sei.

Ihre Unterhaltung drehte sich um sein neues Werk
und damit zugleich um die Religion, und Juliane bat
ihn dringend, sie in ihrer Wohnung aufzusuchen, damit
sie sich ungestörter noch mit ihm über einen so wichtigen

Punkt zu sprechen vermöge. Sie theilte ihm flüchtig ihre Zweifel mit und gestand ihm ihr vergebliches Bemühen, ein ihren religiösen Empfindungen entsprechendes Leben zu führen.

„Das ist der Kampf, den wir Alle zu bestehen haben," antwortete ihr der Dichter ausweichend, „Ideal und Wirklichkeit mit einander in Einklang bringen zu wollen."

Benjamin Constant, der ihnen gegenüber saß, sprach wenig. Er war augenscheinlich heute sehr verstimmt. Man hatte ihm seine Stelle als Secretair des constitutionellen Clubs genommen, und die Ungnade des ersten Consuls konnte die Veranlassung für ihn werden, Paris verlassen zu müssen. Er war daher mit sich selbst und seinen Angelegenheiten beschäftigt und hörte wenig auf das, was um ihn her vorging. Juliane bemerkte seine Zerstreutheit und meinte nun sogleich, er sei auf Herrn von Châteaubriand eifersüchtig, weil diesem heute ihre ganze Aufmerksamkeit gälte. Sie suchte nun gutmüthig das Wort an ihn zu richten; allein seine kurzen Erwiederungen ließen sie bald wieder davon abstehen. Adrien de Montmorency dagegen, dieser schöne und hochherzige Mann, der ihr zur anderen Seite saß, erwies sich desto geneigter, an ihrer Unterhaltung mit Herrn von Chateaubriand Theil zu nehmen, und gewonnen durch sein ritterliches, liebenswürdiges Wesen, gönnte ihm Juliane manchen freundlichen Blick. —

Ausnahmsweise beherrschte Frau von Staël heute die Conversation nicht ausschließlich und ließ Julianen daher um so freiern Spielraum hervorzutreten. Auch sie schien, gleich Constant, mit ihren eigenen Gedanken beschäftigt, vielleicht in Bezug auf ihn, den entbehren zu sollen, ihr schwer fallen mochte. Und wie es ändern?

Von Politik war das Mal nicht die Rede und eben so wenig vom ersten Consul. Juliane sprach von Rußland, erzählte Herrn von Châteaubriand ihre Jugend-Erlebnisse, schilderte ihm den Kaiser Paul und endlich ihren Liebling Alexander, auf dem in diesem Augenblicke die Augen von ganz Europa, ja von der ganzen Welt ruhten, so vielversprechend erwies sich der Anfang seiner Regierung, und so sehr war man durch seine Persönlichkeit und seinen Bildungsgang im Voraus für ihn eingenommen worden; denn, war er nicht in einer Schule aufgewachsen, wie sie nur selten einem Fürsten zu Theil wird; hatte nicht ein Republikaner ihn die Geschichte gelehrt?

Eine neue Sonne leuchtete durch ihn über Rußland, eine Aera des Fortschrittes in der Cultur und in der

Civilisation seiner Völker tagte für das weite Reich, dessen Bewohner Alle die neue Sonne freudig begrüßten. Juliane hatte das Bild des schönen Kranken nie aus ihrer Seele verloren und schwärmte jetzt mit wahrer Begeisterung für den jungen Mann, welchem das Schicksal eine so vorragende Stellung angewiesen.

„Auch ich liebe ihn," nahm Frau von Staël endlich das Wort, „und möchte wünschen, ihm nahe zu stehen, um das große Wort in sein Ohr zu flüstern: Rußland eine Constitution zu geben!"

„Wie wäre das möglich!" rief Benjamin Constant wegwerfend.

„Alles ist einem Autokraten möglich, wenn er nur recht will," sagte Frau von Staël mit innigster Ueberzeugung. „Lebte er unter uns, so würden wir ihm den Weg bahnen helfen. Doch er wird kommen, er wird uns kennen lernen, ich zweifle daran nicht; und, was mehr noch ist, es sagt mir eine Ahnung, daß ich ihn bald sehen, ihm bald irgendwo begegnen werde. Dann will ich nicht unterlassen, ihm das Schicksal seines großen Reiches und das Heil so vieler Seelen an das Herz zu legen."

„So glauben auch Sie an Ahnungen?" fragte Juliane lebhaft.

„Ahnungen, nein," erwiderte Frau von Staël überlegend; „aber an Ueberzeugungen, die in uns feststehen und das Werk unseres Nachdenkens, auch oftmals unseres richtigen Instinctes sind. Ich hege, zum Beispiel in Bezug auf mich selbst, die bestimmte Ansicht: daß ich unter keinem glücklichen Sterne geboren wurde, d. h. daß ich stets mit den Umständen zu kämpfen habe und einem günstigen Zufalle nichts verdanken darf; denn die Fortuna hat nun einmal nichts auf meine Wiege gelegt, als den Vorzug meines Talentes und den Besitz eines Vaters, wie es der meinige ist."

„Und sind das nicht seltene Güter?" fragte Adrien de Montmorency. „Sind diese Vorzüge nicht hinreichend, um mit dem Schicksal zu quittiren?"

„Nein," erwiderte Frau von Staël bestimmt. „Eine Frau braucht mehr, als das, zu ihrem Glücke."

„Und das ist?" rief Juliane neugierig.

„Schönheit," sagte sie, das dunkle Auge auf ihren Teller senkend.

„Das ist eine überflüssige Gabe, sobald eine Frau Geist besitzt," warf Herr von Montmorency ein.

„Eine wirkliche Schönheit ist stets dumm," sagte Benjamin Constant absprechend. „Die Beweglichkeit des

Mienenspiels stört schon die plastische Ruhe, darum auch finden sich im classischen Alterthume die Typen weiblicher Schönheit stets nur mit jenem kalten Ausdrucke dargestellt, welcher die Harmonie des Mienenspieles unbeeinträchtigt läßt. Was an einer Frau am meisten anzieht, ist Anmuth und Grazie, und auch die wirklich Häßliche kann dadurch in unseren Augen-Reize gewinnen, die oft der größten Schönheit ermangeln."

Juliane schlug, halb erröthend bei diesen Worten, das Auge nieder; denn sie glaubte, er rede von ihr. Um sich nun ihrerseits mit einer liebenswürdigen Bescheidenheit zu schmücken, begann sie:

„Ich glaube, daß Güte des Herzens einem weiblichen Angesichte den größten Zauber leiht," sagte sie, mit lieblichem Aufschlag ihrer sanften blauen Augen.

„Wenn sie sich in Handlungen ausspricht," erwiderte Frau von Staël in ihrer bestimmten Weise; „dann bestechen sie uns, wie bei meiner „Récamier;" wenn es aber ein Wortkram ist, nur ein der Schwäche entlehntes Gewand, die eigene Schwäche damit zu verdecken, — womit die Sentimentalität so freigebig ist, — dann benken wir „à quoi bon" und wenden uns gelangweilt ab. Es geht damit, wie mit dem Glauben, von dem es in der Bibel heißt: sobald er keine Werke habe, sei er todt. Man rede mir von einer That, à la bonne heure; vor dieser muß man schweigen; doch Worte sind Worte und weiter nichts."

Alle lächelten.

„Sie haben recht, wie immer," sagte Herr von Châteaubriand. „Worte sind Worte und dienen, wie Herr von Talleyrand sagt, meistens nur, um uns gegenseitig zu täuschen."

„Darum gönnen Sie uns auch wohl meistens nur diese demis mots — diese halben Sätze, — diese hingeworfenen Andeutungen, weil Sie uns nicht täuschen wollen," sagte Frau von Staël scherzend. „Wissen Sie aber wohl, lieber Vicomte, daß Sie uns dadurch neugierig machen? Daß wir nun vor Verlangen brennen, Sie einmal sich aussprechen zu hören? Daß wir dadurch erst recht begierig werden, zu wissen, was Sie uns verhehlen wollen, und Sie fragen möchten, was Sie denken und empfinden, wen Sie lieben und wen Sie hassen, wo Sie wünschen und wo Sie verschmähen? Täuschen Sie uns also aus Barmherzigkeit lieber einmal durch viele Worte, lieber Châteaubriand, damit wir uns auf eine Minute einbilden dürfen, Sie zu kennen. Werfen

Sie diesen Mantel der Isis auf eine kurze Stunde nur ab und enthüllen sich uns!"

„Ja, ja!" riefen die Herren beistimmend. „Enthüllen Sie sich uns, Vicomte! Laffen Sie uns den wahren Châteaubriand sehen!"

„Was bliebe denn Gott übrig, der Herzen und Nieren prüfet, wenn die Creatur desselben Vortheils genösse?" versetzte der allseitig Angegriffene lächelnd und mit sicherer Haltung. „Gedulden Sie sich wenigstens damit bis nach meinem Tode! Was ich Ihnen jetzt nicht anvertraue, um Sie nicht durch Worte zu täuschen, das erfährt das geduldige Papier, und eines Tages, wenn meine sichtbare Gestalt Ihrem Auge entschwunden ist und das unsichtbare Etwas in mir dem Ewigen Richter Rede steht: dann werden Sie in meinen Memoiren d'outre tombe lesen, wie Châteaubriand gelebt, geliebt, gelitten."

„Ah! So lange soll unsere Geduld und unsere Neugierde warten lernen!" sagte Frau von Staël, ihn launig ansehend. Dear, dear Francis! Das ist ja sehr, sehr lange aufgeschoben. Alles in der Welt will ich aber lieber erdulden, als warten müssen, als Geduld üben müssen! Wir Franzosen sind dazu nicht geboren, diese Tugend in uns auszubilden, wir überlassen das den langmüthigen Deutschen. Pardonnez-moi, Madame. Das sollte nicht auf sie gehen; Sie sind ja Russin, Sie gehören ja dem Volke an, dem wir noch eine große Zukunft zusprechen. Ah! votre cher Alexandre! Il est à moitié Français; wenigstens was das Herz und die Feinheit des Geistes betrifft. Il a de l'esprit! Die Slaven sind das einzige Volk, das uns darin annähernd gleich kommt."

„Das ist ein Vorurtheil, wofür Sie keine Beweise aufführen können," fiel Benjamin Constant empfindlich ein. „Ueberdem muß man diesen Esprit der Franzosen auch nicht überschätzen; denn es bleibt immer nur Flittergold, und wenn Sie einmal dahin gelangen sollten, einen Blick in die deutsche Philosophie und die deutsche Literatur zu werfen, so würden Sie außerordentlich erstaunt sein über so viel wirkliches und gründliches Wissen."

„Sie langweilen mich mit diesem Rühmen der Dinge, die ich nicht kenne, und es ist gar nicht galant von Ihnen, mir das immer vorzuwerfen, mon cher Constant."

„Eine Frau von Ihrem Geiste sollte aber kennen, um urtheilen zu können."

„Aber wo die Zeit dazu hernehmen?"

„Das kann Ihnen nicht schwer werden, da Sie Minuten gebrauchen, wozu Andere Stunden verwenden."

„Ah! Das war hübsch gesagt. Ganz und gar wie ein Franzose gesprochen. Wissen Sie wohl, daß ich Sie für diese Antwort belohnen werde, Constant. Ich gehe nun am Sonntag Morgens mit Ihnen in die Vorlesung dieses Monsieur Schlegel, wozu Sie mich so lange aufgefordert haben, und höre, was er zum Ruhme seines Vaterlandes sagt."

„Das ist nicht hinreichend. Sie müssen das Land kennen, Sie müssen auf deutschem Boden die Früchte unserer gesteigerten Civilisation und Cultur zu kosten versuchen; denn so nur können Sie ein gerechtes Urtheil über uns fällen."

„Auch das will ich; doch ach! nur dann, wenn mir Paris die Thore schließen sollte; denn fern von hier ist nur ein halbes Leben, und kein Ort der Welt scheint mir so schön zu sein, wie la rue du Bac."

„Sie sind eine unverbesserliche Pariserin!" sagte Constant, wider Willen lachend.

„Sagen Sie lieber, ich sei ein echtes Kind dieses Bodens; denn was ist schöner als den Ort lieben, wo wir geboren wurden; was ehrt uns mehr, als die Anhänglichkeit an das Vaterland? Die Heimath! Welch' ein wohlklingendes Wort ist das!"

Juliane sah halb verlegen vor sich nieder; denn die letzte Aeußerung klang ihrem Ohre wie ein halber Vorwurf.

„Ich kenne nur zwei Dinge, die ich beneiden könnte," fuhr Frau von Staël gleich darauf fort; „eine Heirath aus Neigung und eine politische Verfassung, die meinen Ansichten entspricht; und Beide sind mir versagt. Damit hat das Schicksal dem Glücke gleichsam die Thore für mich geschlossen und mein der Liebe bedürftiges Herz darauf angewiesen, in meiner Freunde Wohl und Weh mich selbst zu vergessen."

Herr von Montmorency antwortete hierauf mit einem theilnehmenden Blicke, aus dem die wahre, aufrichtige Anhänglichkeit sprach, welche er der Geliebten seiner Jugend stets bewahrte. Juliane aber sagte:

„Und ich möchte Sie wiederum dieser Freunde willen beneiden, deren Umgang mir ein seltener Vorzug scheint, den zu verdienen mein glühender Wunsch ist."

Die Herren verneigten sich auf dies Compliment und sagten etwas, das wie zu viel Güte klang; Herr von Châteaubriand aber schwieg. „Worte drücken nichts aus," wandte sie sich an diesen; „ich aber verstehe Sie, auch wenn Sie nicht sprechen, und kenne Ihre geheimsten Gedanken; denn wir sind Kinder Eines Geistes, unsere Seelen fühlen in Allem den Einklang und unsere Aufgabe ist es, durch die innere Harmonie unseres Wesens den Frieden auf Erden zu verbreiten."

„Sie haben das sehr schön gesagt," versetzte Herr von Châteaubriand, ohne auf die Sache einzugehen, „und ich wünschte mir Ihre Worte merken zu können."

Achtes Kapitel.

Der Bruch mit Châteaubriand.

„Flaner" ist ein der Französischen Sprache eigenthümliches Wort, das kaum eine correcte Uebertragung gestattet, weil wir die damit bezeichnete Sache nicht besitzen. Der einzige annähernde Ausdruck wäre „bummeln," das erst seit dem Jahre 1848 gangbar geworden ist, sich aber zu sehr mit Nichtsthun, Kneipen gehen und Bier trinken verbindet, um das „Flaner" dadurch übersetzen zu wollen; denn ein Flaneur ist ein eleganter Pariser, der längs der Boulevards hinschlendert, seinen zierlichen Rohrstock trägt, die Lorgnette an das Auge legt, die Boutiquen und die Vorübergehenden mustert und schließlich sich fragt: was beginne ich mit meinem Abend? —

Mancher dieser müßig Schlendernden erinnerte sich dann einer auf dem „Boulevard des Italiens" wohnenden fremden Dame, die bei sich empfange, und froh der willkommenen Antwort auf die heimliche Frage, schlug er augenblicklich den Weg nach Julianens Wohnung ein, um ein paar Abendstunden mit ihr auf die ihr eigenthümliche Weise zu verplaudern.

Es liegt dem Pariser wenig daran, ob der Gegenstand eines Gespräches mit seiner inneren Ueberzeugung sich einige; er ist zufrieden, sobald er nur mit einer gewissen Lebendigkeit ein für und wider dabei erörtern kann, das seinen Geist angenehm anspannt; darum auch bleibt er, selbst in der lebhaftesten Debatte kalt, und nie heftig, nie persönlich werdend, zieht er sich am Schlusse seines, mit dem größten Feuer geführten Streites, mit den Worten zurück: „Je n'ai pas pu le convaincre."

Die Persönlichkeit einer Frau, wie Juliane, hatte für diese Herren, durch das Uebermaß ihrer Sentimentalität und ihres Enthusiasmus, etwas höchst Fremdes und Neues, das sie außerordentlich unterhielt. „Quo c'est piquant!" sagten sie, ohne sich darum zu bekümmern, ob deren Aeußerungen sonst einen Werth hätten. Sie durchschauete ihre wahre Meinung über sie niemals und nahm für Beifall, für Auszeichnung und für Huldigung, was die einfache Folge des Bedürfnisses war, müßige Stunden auf die angenehmste Weise hinzubringen. —

Sehr bald sah sie sich nun von einem Kreise geistvoller Männer umringt, welche bei ihr sich ausruhen wollten von ihrer ernsten Arbeit; immer jedoch auf sie die Wirkung hervorbrachten, als ob ein Champagner-Rausch sie umfangen halte.

Châteaubriand zeigte sich nun unter Allen diesen als der Eifrigste im Bedürfniß nach ihrer Unterhaltung; denn stets nur mit sich beschäftigt, war er befriedigt Jemand zu finden, der in diesem Punkte ganz auf ihn einging und das eine Interesse theilte, das ihn völlig beherrschte. Frau von Krüdener war ihm gegenüber dieser ihr sonst nicht eigenen Hingabe fähig; denn sie blickte dabei über ihn hinaus auch auf das, was sie mit ihm der Welt zu sein sich vorstellte. —

Frau von Staël sah sie nicht mehr; denn diese war mit ihrem kranken Gatten nach Aix aufgebrochen, das er aber nicht mehr erreichte, und hielt sich nach seinem Tode in Coppet auf. Benjamin Constant, hieß es, sei nach Deutschland abgereist. Viele der Herren, welche den Salon Staël jetzt vermißten, füllten diese Lücke durch ihr Erscheinen bei Julianen aus, die nun den glücklichen Traum träumte, als sei sie in die Fußtapfen der berühmten Frau getreten.

Sie dachte nun ernstlich daran, ein Werk zu vollenden, um als Schriftstellerin zu glänzen. Ein großer Theil ihrer Zeit gehörte daher dieser Beschäftigung an.

Außer ihrem Romane „Valérie," begann sie eine andere Arbeit, in Nachahmung von ihres Freundes Bernardin de St. Pierre „Paul et Virginie," und betitelte es: „Elize, Alexis et la Cabane des Lataniers," das indessen nie seine Vollendung erreichte, weil ein aufrichtiger Freund, Herr Vanderbourg, der früher Lehrer im Hause des Grafen Stolberg gewesen und sie hier wiedergefunden hatte, sie darauf aufmerksam machte, wie schwach und hinkend die Schilderung von Gegenden und Zuständen ausfallen müsse, die sie nie gesehen habe und durch die Phantasie oft unter einem ganz falschen Bilde erblickte.

So blieb es denn einstweilen bei „Valérie."

Der Winter floß ihr nun auf das Angenehmste hin. An Herrn von Krüdener suchte sie möglichst wenig zu denken, und geschah es, so flehte sie zu Gott, ihr recht bald die Kraft zu verleihen, um sich selbst vergessen und seinem Glücke leben zu können; bevor sie aber den Muth dazu in sich fühlte, wollte sie den neuen Versuch nicht wagen.

Frau von Genlis sah sie nur ein Mal vorübergehend wieder, und zwar in einer Vorlesung bei Schlegel, wohin diese, begleitet von Wilhelmine von Hastwehr*) kam; allein eine solche Nebenbuhlerin in ihren Salon zu ziehen fiel ihr nicht ein.

Die alleinstehende Frau, welche sich ohne Beruf in diesen Kreis der Männer drängte, wurde nun aber keineswegs günstig beurtheilt; denn selbst in dem leichtfertigen Paris giebt es in dem Bezug strenge Richterinnen, und weniger wie an irgend einem Orte der Welt verzeiht man hier eine Verletzung des Scheines.

Dem Scheine aber hatte Juliane nie ein Opfer bringen wollen und mehr als je ließ sie hier jede Form unbeobachtet, wo sie sich einbildete, in dieser Hinsicht nun endlich einmal völliger Freiheit zu genießen. Wie erstaunt war sie nun, als sie erfuhr, welche boshaften Auslegungen ihr Thun und Treiben erleide, und wie man eine Mutter verurtheilte, welche eine eben aufblühende Tochter, die unter den Augen des Vaters leben, durch ihn anständig versorgt werden sollte, in diese höchst gemischten Kreise einführte und welche Gesinnungen man ihr darum zutrauete.

Daß die Damen aus dem Faubourg St. Germain sie kennen zu lernen verweigerten, hätte sie noch allen-

---

*) Wilhelmine von Chezy.

falls ertragen; allein wenn bei öffentlichem Begegnen deren Männer sich dann scheu von ihr entfernten, als dürften auch sie nicht mit ihr gesehen werden, das griff tiefer in ihr Herz ein und lehrte sie fürchten, deren Freundschaft bestehe in Worten.

Sie beklagte sich darüber gegen Châteaubriand, den sie wie ihren geistigen Berather betrachtete und mit der dem weiblichen Gemüthe so bedürftigen Anlehnung für ihre Stütze auf dem Wege nach dem ewigen Lichte erklärte. War es dem eitlen Manne nun auch schmeichelhaft gewesen, daß eine so liebenswürdige und immer noch reizvolle Frau ihn wie einen Heiligen verehrte und bei seinem Erscheinen in eine Art Extase gerieth, — denn welcher Mann ließe sich das nicht gern gefallen? — so nahm seine Beziehung zu ihr doch eine minder angenehme Form an, sobald er aufgerufen wurde, sie zu beschützen gegen die Verläumdungen einer bösen Welt, die theilweise aus dem für ihn gezeigten Enthusiasmus ihre Nahrung sog.

Er lächelte daher kühl bei ihren Klagen, zuckte die Achseln und sagte mit einem Seufzer: das sei der Lauf der Welt.

Juliane weinte.

Konnte er für sie empfinden, was sie für ihn empfand, wenn er es so gleichgültig hinnahm, daß man ihren Ruf mit Füßen trat?

Ihre Leidenschaftlichkeit stimmte ihn nur um so kühler, und gegen das Eis seines Wesens flammte nun ihr warmes Gefühl zu hellen Flammen empor und zeigte eine Gluth, die sie vorher selbst nicht in sich geahnt hatte.

Er erhob sich.

„Sie vergessen, Madame la Baronne," sagte er, an das Fenster tretend und den Himmel prüfend mit seinen Augen messend, „daß uns Beiden eine besondere Mission gegeben ist: durch die Harmonie unseres Wesens wohlthätig auf Andere zu wirken. In uns ist Leidenschaft daher ein Verbrechen und ich meines Theils gebe mich keiner Aufregung mehr hin."

Sie schwieg. Indem er die ihr so geläufig gewordene Phrase von dem Himmel in ihrer Brust, milder gegeben, ihr entgegensetzte, fühlte sie sich geschlagen.

„Wenn uns der Beifall der Welt begleitet, dann ist es leicht, auf unserm Pfade unbeirrt zu wandeln," fuhr er nach einer Pause fort; „allein auch Christus ritzte seinen Fuß an Dornen wund. Wir müssen für Alles hienieden einen Preis entrichten. Sinnen Sie nun nach, ob der, den Sie für einen Freund zahlen, zu hoch ist, und messen Sie danach den Grad der Empfindungen ab, womit Sie ihn beglücken wollen."

Er ging.

Sie sank wie vernichtet auf ihr Canapé hin. Das nannte er Freundschaft? So schützte er, als Mann, die verlassene Frau? So fühlte er ihre Lage und mit solchem Rathe wies er sie ab? Ach! In dieser Minute erkannte sie es klar, daß sie ihm Alles gewesen, während er ihr nichts gewährt hatte, und ihren Blick weiter richtend, von ihm auf den weiten Kreis von Freunden, erkannte sie, es sei kein Freund darunter.

Da drang es eisig an ihr Herz; sie sah die kalten Wände an und klagte ihnen, wie einsam sie sei. — Sie sehnte sich plötzlich nach Herrn von Krüdener; sie hätte an seiner treuen Brust ruhen und sich ausweinen mögen nach solchem Weh. „Niemand liebt mich!" rief es in ihr. „Was ich auch thue, mir Herzen zu gewinnen, der kalte Egoismus giebt meinem warmen Gefühle sein Nein zurück, und ich bin allein, wie zuvor. Welche Einsamkeit ist aber so fürchterlich, wie die, welche die Seele empfindet, wenn sie der Theilnahme eines Anderen entbehrt, wenn Niemand sich mit ihr beschäftigt, wenn sie Niemand eine Thräne der Freude oder des Schmerzes entlocken kann! Ach! Nur bei Gott ist die Liebe, nach der ich mich sehne!"

Ihre Tochter kam endlich ungerufen in das Zimmer, die Mutter zu suchen, und wie sollte diese ihr nun einen Schmerz erklären, der keinen Namen trug, noch tragen durfte?

„Ich leide an meinen Nerven, mon ange!" sagte sie, sich mühsam fassend. „Ich bedarf wieder einmal der Ruhe, der Einsamkeit, der Einkehr in mich selbst. Ich habe hier zu sehr mit Anderen und für Andere gelebt. Wir wollen hinausziehen auf das Land. Gieb mir Papier und Feder, ich will an Monsieur de St. Pierre schreiben und ihn bitten, in seiner Nähe eine kleine Wohnung für uns zu miethen. Der Anblick des würdigen, bewährten Freundes wird mir wohl thun. Du gehe indessen in Dein Zimmer und schreibe einen recht langen Brief an Deinen Vater. Sage ihm, er würde nächstens auch von mir hören; denn ich dächte ernstlich an unsere Rückkehr. Und nun küsse mich, meine Juliette! Mein geliebtes Kind! Adieu, bis Mittag!"

Sie schrieb nun wirklich an St. Pierre und bestellte die Landwohnung; dann aber erleichterte sie ihr Herz noch durch einen langen Brief an Madame Armand, an die das Bedürfniß einer aufrichtigen Mittheilung sie fort und fort leitete. Sie schrieb ihr:

„Ja, meine Freundin, immer mehr überzeuge ich „mich, daß wir das Urtheil der Welt nicht zu bestim„men vermögen, und wenn es uns ungerecht trifft, so „müssen wir in der Meinung unserer wahrhaften „Freunde und in dem eigenen Bewußtsein Trost suchen. „Wären wir auch Engel, wir würden dem Tadel An„derer nicht entgehen."

„Sie glauben, daß ich hier glücklich sei; allein ich „bin es nicht; denn mir fehlt immer noch jene Ruhe „der Seele, die dazu nöthig ist, und ich fühle die „Wahrheit des Spruches in der Bibel: „„es ist nicht „gut, daß der Mensch allein sei.""'

„Ach! Laßt uns nicht die Herzen verdammen, „welche geschaffen sind zu lieben und kein Glück „finden, als in diesem Gefühle! Beklagen wir sie „vielmehr, wenn sie die Opfer dieser Hinneigung „werden!

„Ich bin nun einige Monate in Paris, habe hier „manche vergnügte Stunde verlebt, aber auch tiefen „Kummer empfunden. Meine Neugierde ist nun be„friedigt. Man hat mich bewundert, ein Kreis be„deutender Männer hat sich um mich geschaart, ich

„habe viel Interessantes gesehen; und endlich erkenne
„ich doch die Nichtigkeit aller dieser Dinge und breite
„nach Ihnen die Arme aus, theuere Freundin, um
„Alles Ihretwegen zu verlassen. Nur Eins hält mich
„hier noch fest, mein alter Freund St. Pierre, bei
„dem ich einige Wochen zubringen will, um dort zu-
„gleich an meinem Romane zu arbeiten."

Der Gedanke an zwei erprobte Freunde gewährte Julianen einigen Trost, während ihr Herz so bitter die Unzuverlässigkeit derjenigen empfunden hatte, die vor der Welt diesen Namen führten. Sie bestellte ihren Wagen, ließ ihre Tochter rufen und fuhr in das Bois de Boulogne hinaus, das soeben in frischem Maigrün prangte und, von einer lachenden Sonne beschienen, wie Lust und Freude, aussah. Juliane athmete mit gehobener Brust die balsamische Luft ein und fragte sich, unter dem damit verbundenen Wohlbehagen, warum das Leben ihr so viele Täuschungen biete? „Ja, könnte ich Gott und die Natur lieben von ganzem Herzen und von ganzer Seele und von ganzem Gemüthe, dann wäre mein Glück mir gewiß; denn diese sind unveränderlich dieselben," sagte sie sich in ihren stillen Gedanken und gab diese Betrachtung dann laut ihrer Tochter als Lehre der Weisheit Preis; denn eine Mutter muß ewig dem Kinde ge-

genüber die eigenen Schwächen mit einem unburchbring=
lichen Schleier verhüllen, was ihr vor deſſen durch Liebe
geblendetes Auge auch leicht gelingt. — So ahnte denn
das reizende Mädchen an ihrer Seite nicht, daß die
Bläſſe der Mutter und ihre verweinten Augen einer
Täuſchung entſprängen, welche ihr die Thorheit bereitet,
einen Mann wegen eines von ihm geſchriebenen Buches
als Menſch bewundern und ihren Freund nennen zu
wollen.

Die Werke des Dichters ſind nicht der Dichter ſelbſt.
Er ſchreibt ſie in ſeinen ſtillen Stunden, wo er einkehrt
in ſein Innerſtes; während im Verkehre mit der Welt
und den Menſchen wir in ihm gerade jene Leidenſchaften
die Oberhand gewinnen ſehen, die er in ſeinen Büchern
verdammt und aus poetiſcher Gerechtigkeit mit Strenge
ahndet. —

Neuntes Kapitel.

Die Todesnachricht.

Abends sprachen, wie gewöhnlich, einige Herren ein, und unter diesen auch der Vicomte von Châteaubriand. Er begrüßte Juliane, als sei nichts vorgefallen, wie dies in Wirklichkeit ja auch der Fall war; denn was Beide, wie zwischen den Zeilen, in der Seele des Anderen gelesen hatten, konnten sie gegenseitig vor sich, ob als nicht da, verleugnen, und, wie auf schweigende Uebereinkunft, geschah dies auch. Sich zu ihr setzend, erzählte er ihr: Frau von Staël habe ihm geschrieben und Frau von Krüdener's in ihrem Briefe gedacht; sie sei mit einer nochmaligen Durchsicht ihrer „Délphine" beschäftigt, die zum Herbste erscheinen würde. „Sie wird dann nach Paris kommen und ihres Triumphes genießen," setzte er hinzu. „Das ist ein Vortheil für ihre Freunde. Wir Alle entbehren sie; denn sie gehört zu den seltenen Erscheinungen der Frauenwelt, die uns anregen und keine Gegenseitigkeit verlangen, wodurch sich die ächte

Weiblichkeit darthut, die ohne Selbstsucht unbewußt ihre Opfer auf den Altar der Liebe niederlegt."

Juliane fühlte es, diese Aeußerung treffe sie; doch schwieg sie dazu, um vor den Anderen ihre Empfindlichkeit nicht zur Schau zu tragen und sie dadurch ahnen zu lassen, was in ihr vorginge. Scheinbar floß der Abend nun hin, wie jeder frühere. Man kam, man ging, wie es der Ton des Pariser Salonlebens gestattet, ohne großes Ceremoniell; Erfrischungen standen auf einem Nebentische, welche der Diener mitunter umherreichte, die Meisten der Anwesenden setzten sich nicht einmal, sondern redeten nur lebhaft mit diesem und jenem und waren dann gleich darauf wieder verschwunden; so konnte denn auch Freund und Feind sich auf solchem Gebiete begegnen und vermeiden, wie es der Stimmung eines Jeden zusagte.

Juliane trug heute, als Ausdruck ihrer innersten Empfindung, ein schwarzes Kleid, das sie vortrefflich kleidete. In einem Armstuhle neben dem Kamine sitzend, fächelte sie sich eifrig Kühlung zu, während sie mit dem sie umstehenden Männerkreise eine Unterhaltung fortspann, bei der ihre neben ihr sitzende Tochter eine stumme Zuhörerin abgab. Man redete von den Tages-Neuigkeiten, wie es in Paris nicht anders, wie in der

ganzen übrigen Welt, die Gewohnheit zu thun ist, nur
daß man dort ein pikantes Etwas dem gemeinen Stoffe
hinzufügt und ihn durch kleine bons mots und Schlag-
worte würzt, die dem sonst trivialen Gespräche einen
unwiderstehlichen Reiz verleihen.

Man erzählte sich heute, daß Graf Tilly von Berlin zurückgekehrt sei, in der „Rue de la loix" einen
Gasthof eingerichtet habe, den er „Hôtel du commerce"
nenne, und beschrieb das Leben des alten Aristokraten
in dieser neuen Form. Unter dem ersten Consul gehör-
ten solche Ereignisse zu den Begebenheiten des Tages.

„Ist es nicht dasselbe, als ob er sein eigenes Hôtel
bewohnte," warf Juliane dabei ein; „denn was sind
wir, die wir ein Haus ausmachen und die große Welt
bei uns empfangen, viel mehr als bloße Gastwirthe?
Nur daß man unsere Mühe nicht mit baarem Gelde,
sondern mit Verläumdung und Undank lohnt. Voilà
la difference!"

„Unsere liebe Freundin ist heute sehr bitter gestimmt,"
bemerkte Adrien de Montmorency milde. „Wir Aristokraten erfüllen durch Repräsentation die Obliegenheiten
unserer Stellung so gut, wie jeder Andere sie erfüllt, je
nachdem die Umstände ihre Forderungen an uns stellen,
und, was mich anbetrifft, so bewundere ich Graf Tilly,

11*

daß er das Métier seines ganzen Lebens, einem Hôtel vorzustehen, auf diesem neuen Fuße fortzusetzen weiß, während er sich diese Mühe durch Annahme eines Gnadengehaltes von der neuen Regierung hätte ersparen können. In meinen Augen ist das höchst achtbar."

„Wer wird das leugnen!" nahm Herr von Châteaubriand das Wort. „Auch ist es für ihn ja ganz dasselbe, unter welchen Bedingungen er sein Hôtel führt; nur mit dem einen Unterschiede, daß er jetzt nur bei sich empfängt und nicht auch empfangen wird."

„Ist das Letztere wirklich nicht mehr der Fall?" fragte Jemand.

„Ich habe ihn neulich noch beim Preußischen Gesandten getroffen und gesehen, daß der Marquis Lucchesini ihn besonderer Aufmerksamkeit würdigte," sagte Herr von Montmorency.

„A propos!" nahm Herr von Châteaubriand das Wort, „ich komme soeben von dort her und soll Ihnen von der Fürstin Galizin, die ich dort traf, sagen: daß sie diesen Abend nicht zu Ihnen kommen könne, Sie aber dafür morgen früh eine Stunde ungestört zu sehen hoffe."

„So, das freut mich ja recht sehr," erwiderte Juliane lebhaft. „Der Umgang mit dieser Frau ist mir höchst werthvoll, weil auch sie nach Seelenruhe und einem

Frieden des Herzens strebt, den keine Erdensorgen mehr
beeinträchtigen könnten."

„Ein solches Ziel erreicht man, wie mich däucht,
leichter in der Einsamkeit, als in der Mitte des bewegten Lebens," warf Herr von Montmorency ein.

„Nicht immer," fiel Juliane rasch ein; „denn was
zuerst dazu gehört, um diesen Frieden zu gewinnen, ist
Vergessen, und vergessen kann man nicht in der Abge-
schiedenheit, wo jede bittere Erinnerung unseres Lebens
doppelt laut an die Pforten unseres Gedächtnisses klopft,
und dann auch hat die Tugend keinen Werth, welche
allen Prüfungen aus dem Wege geht. Darum halte ich
Paris, wie keinen anderen Ort, geeignet zur Einkehr in
sich selbst und ein Prüfstein zu werden, ob es mit un-
serem Wollen uns Ernst sei oder nur eine Laune des
Augenblickes uns leite. Nirgends lernt man, wie hier,
Wahrheit und Schein so streng von einander sondern!"

Indem wurde die etwas zu ernst gewordene Unterhaltung durch den Eintritt von Bestris unterbrochen, der
heute mit gepuderten Haaren erschien, weil, wie er sagte,
es ihm besser kleidete, und dies einfache Geständniß rief
eine allgemeine Heiterkeit hervor. Juliane lachte herzlich
mit über die naive Eitelkeit ihres alten Lehrers; doch
mehr noch vielleicht aus Gefälligkeit für die Uebrigen,

als aus Neigung, wirklich heiter zu sein; denn ihr Herz that ihr weh, so oft ihr Auge dem kalten Blicke des gestern noch so bewunderten Mannes begegnete, den sie jetzt, wo er für sie von seinem Piedestal gestiegen war, wie einen blätterlosen Baum sich gegenüber sah.

Sie war daher innerlich sehr froh, als endlich der letzte Gast sich von ihr verabschiedet und nun Stille und Dunkelheit um sie herrschten. Sie schaute dann noch lange zu dem bestirnten Himmel hinauf. „Wird es mir dort oben besser ergehen?" fragte sie sich. „Wird mein warmes Herz dort verstanden werden und Liebe um Liebe die Losung sein? Ach! Diese Erfahrungen machen mich nicht weiser, sondern nur trauriger; und um so glühender nur werfe ich mich jeder neuen Hoffnung in die Arme. Ihr Sterne! Warum blinzelt Ihr so kalt mich an! Warum scheint Ihr so heiter fort bei meinem Weh! — Weil ich menschlich fühle und ihr — dort oben im ewigen Lichte thront? — Gott! Gott! Lehre mich Deine Liebe und ich will gern, ach! wie gern Deine Wege wandeln!"

Sie nahm einen Band von St. Martin in die Hand und las fort darin bis in den grauenden Morgen.

Gleich am nächstfolgenden Tage zog sie in ihr kleines Quartier zu Bernardin de Saint Pierre hinaus, ohne bei dem Portier zu hinterlassen, wohin sie gegangen sei.

Sie wußte wohl, daß es ihren sogenannten Freunden nicht daran liegen würde, sie dort aufzusuchen; ungern aber hätte sie sich selbst diese Ueberzeugung eingestehen mögen und sagte daher sich und Anderen nur: man könnte sie nicht auffinden; man wisse nicht, wohin sie sich begeben.

Der ehrwürdige Dichter von „Paul und Virginie" empfing die Freundin auf das Herzlichste, und Juliette begrüßte froh in seinen Kindern die Gespielen ihrer Kindheit. In dem einfachen Familienkreise, wo bei der höchsten Bildung alle menschlich schönen Eigenschaften ihre Geltung fanden, wurde Julianen der Unterschied klar, der in einer auf die Gesinnung gegründeten ernsten Neigung und in einer aus Eitelkeit entspringenden Sehnsucht nach Liebe besteht, und mit bitterer Selbstanklage bereute sie jetzt ihre wiederholten Täuschungen. Herr von St. Pierre erfuhr davon aber keine Silbe; ihm sprach sie nur von dem Wunsche nach Ruhe und Einsamkeit, während ihre Tochter die Welt kennen lernen und sich ausbilden müsse; aber nie gestand sie ihm, daß auch die Mutter dort noch auf Anerkennung und Liebe gerechnet hatte.

Wie manche Frau hat schon auf gleiche Weise sich zu entschuldigen versucht, wenn sie die blasse, müde Tochter allwinterlich auf Bälle führte, ihr und dem Gatten einredend, es bestehe in deren Besuche das Glück der Jugend.

Frau von St. Pierre und deren Mutter, die Marquise de Pelleport begegneten der fremden Frau auf das Verbindlichste, ihr dankend für die Zuneigung, welche sie dem Lieblingsdichter ihrer Jugend so ausdauernd bewahrte. Bernardin las ihr wieder aus seinen Naturstudien, aus seinem Arcadien vor und sprach mit ihr von jenem Paradiese der Erde, das in des Dichters Seele lebte, wo die Tugend herrschte und mit ihr das höchste Glück, und Juliane hob mit ihm das Auge zum Himmel empor und flehte zu Gott um jene goldene Zeit auch für sie hienieden. Das war es ja, was sie begehrte und was sie bis jetzt vergeblich gesucht, — den Frieden, welcher die ewigen Gesetze beherrscht. Wie das Weltall seine Bahn wandelte, von einer unsichtbaren Hand geleitet, so hätte auch sie sich dem Lenker aller Dinge an die Brust werfen und sprechen mögen: „Laß mich Dein Werkzeug sein! Ich bin nur ein schwaches Geschöpf, unfähig zu thun, was ich will, unfähig der Rechtfertigung vor mir selbst, und einer Liebe, die ich nicht zu verdienen weiß, so bedürftig! Nimm Du mich auf an Deinem großen Herzen! Wenn die Menschen hienieden mich verkennen und verstoßen, dann laß mich bei Dir sein!"

In diesen stillen Stunden, wo sie sich nicht über sich selbst zu täuschen vermochte, litt sie unsägliches Weh und hätte vor Schmerz vergehen mögen.

Es war indessen Juni geworden. Die Rosen blühten und sandten ihren Duft bis in die Laube hinein, in deren Schatten Juliane gegen die Schwüle des Mittags Schutz gesucht.

Sie frühstückte soeben erst; denn auch hier noch den Gewohnheiten der Pariser Modedamen fröhnend, erhob sie sich nur selten vor der zwölften Stunde. Juliette schloß sich daher bis zum Mittagsessen ihrer Freundin Birginie de Saint Pierre an und war auch heute bei dieser; ihre Mutter befand sich also allein und konnte ungestört ihren Gedanken nachgehen.

In einem weißen, luftigen Morgenkleide, das Haar unter einem Spitzentuche versteckt, das Haupt in die zarte Hand gestützt, saß Juliane unter dem grünen Laubdache und verfolgte mit dem Auge einen großen Schmetterling, der, von Blume zu Blume fliegend, die bunten Flügel immer wieder unverletzt weiter trug. Wie sie Alles stets in Bezug auf sich selbst dachte, so knüpfte sich auch daran sogleich für sie ein Vergleich mit ihrem eigenen Leben.

Sie hatte diese Nacht böse Träume gehabt und eine unerträgliche Angst lagerte auf ihrer Brust. Sich selbst zu entfliehen, lenkte sie ihre Gedanken auf ihr Buch, malte sich das Erscheinen ihrer „Valérie" aus und dachte sich den Neid der Frau von Staël hinzu, wenn sie damit noch vor der „Delphine" vor das Publikum träte. Doch nur eine Minute lang vermochte sie es, sich mit diesen Hoffnungen zu zerstreuen; dann traten schon wieder düstere Bilder vor ihre Seele. Sie fragte sich: ob wohl von allen den Freunden, an deren Zuneigung sie einst geglaubt, noch Einer ihrer jetzt gedächte, und eine innere Stimme antwortete darauf schwach und zagend mit einem „Nein!"

Ein tiefer Seufzer folgte dieser leisen Erwiderung.

„Meine Wanderlust war mein Unglück. Ich bin mit dem Instincte eines Zugvogels geboren, und il n'y a que le premier pas qui coûte, einmal hinaus, konnte ich dann nie mehr Ruhe finden."

Sie nahm des Pilgrimms Progreß von John Bunyan zur Hand und suchte ihren Seelenzustand mit dem seinigen zu vergleichen, so lange die Versuchung auch von ihm den Frieden in Gott fern hielt. Hatten nicht selbst die Heiligen diese Kämpfe zu bestehen gehabt und wer wohl mehr, als grade diese? Wie, wenn auch ihr dieser Kampf nur beschieden war, um zum Lichte zu gelangen?

Etwas durch diese Betrachtung getröstet, wollte sie weiter lesen, als die Erscheinung des Briefboten sie unterbrach, der, die schwarze Ledertasche über der Brust hängend, aus der Stadt zurückkehrte, um, wie der Rabe in der Wüste, die Hungernden zu speisen.

Schon von fern entdeckte sie in seiner aufgehobenen Rechten ein großes, weißes Papier, das er, für sie bestimmt, emporhielt. Mit freudiger Hast sprang sie nun auf und eilte ihm an die kleine Gartenpforte entgegen.

„Est-ce-que c'est de l'Allemagne?" rief sie ihm zu, und ihr Herz klopfte, ob ängstlich, ob freudig, sie wußte es selbst nicht, in der Erwartung, von Gatten und Kind Nachricht zu erhalten.

Der Mann nickte mit höflichem Grinsen sein „Oui Madame!" und nahm für die willkommene Kunde das erwartete Trinkgeld entgegen; doch kaum hatte Juliane das Schreiben in Empfang genommen, so veränderte sich auch schon der Ausdruck ihrer Miene, die Finger, welche das Siegel lösen wollten, zitterten, und die Augen traten weit aus ihren Höhlen; mit ängstlicher Hast suchte sie den Inhalt zu entziffern, und sowie sie die ersten Zeilen

gelesen, verzog sich krampfhaft ihr Mund und gellend
schrie sie auf: „Todt!" Dann sank sie, von plötzlichem
Impuls getrieben, in die Kniee und betete, die Hände
flehend erhoben, mit lauter Stimme und ängstlicher Hast:
„Mein Gott! Ich bitte Dich! Laß das nicht wahr sein!
Sage: er sei nicht todt! Um aller Heiligen willen: nicht
todt. Um meiner ewigen Seligkeit willen: nicht todt!
Er hat mir ja noch nicht vergeben, ich muß ja erst hin
zu ihm, damit er seine Kinder segne! Darum: nicht
todt! Ich muß ihn ja erst wiedersehen, muß aus seinem
Munde vernehmen, daß er mir verziehen hat; darum:
nicht todt! Nein, nein! Es kann nicht sein! Es ist eine
Täuschung! Ach! Ich habe mich ja so oft im Leben schon
getäuscht, warum also auch nicht dies eine Mal noch,
dies eine einzige Mal noch! Ja! Ich bitte Dich! Laß
es eine Täuschung sein! Ich habe mich in Liebe und in
Freundschaft betrogen gefunden; warum also auch hier
nicht? Ich habe mich so oft schon geirrt; warum also
nicht auch dies Mal noch? Mein Auge hat falsch gesehen.
Das Siegel war nicht schwarz. Nein, nein! Es war
roth. Es muß ja roth gewesen sein. Es stand nicht
„todt" da; es ist nicht wahr, daß ich es gelesen habe. Es
kann nicht wahr sein, soll nicht wahr sein! Ich muß ja

hin zu ihm und ihn pflegen. Ich muß ja bei ihm sein; denn ich bin ja seine Gattin; bin ja die Mutter seiner Kinder, die versprochen hat, in Noth und Tod, in Trübsal und in Freude, hier und dort, ihn nie, nie zu verlassen. Und ich will ihn auch nie mehr verlassen! Gott, Gott! Nur das eine Mal gieb mir noch Zeit, und ich will Alles wieder gut machen. Noch ist es nicht zu spät dazu; noch nicht! Aber ich muß eilen. In dieser Stunde noch reise ich ab, fahre Nacht und Tag, raste nicht, bis ich bei ihm bin, bevor der Tod kommt. Ja, ja! Fort! Schnell! Gott! mein Gott! Hilf mir, daß ich ihn noch sehe, seine liebe Stimme noch höre, einmal noch an seine treue Brust mein Haupt lege! Erhöre nur das eine Mal meine Bitte und ich will auch durch alle Zeit und Ewigkeit mich Deinem Rathschluß fügen!"

Sie raffte sich hier gewaltsam auf und wollte in das Haus stürzen; doch schon an der Schwelle, wo ihr Auge wieder auf den Brief in ihrer Hand fiel, schien diese aus Verzweiflung hervorgerufene Selbsttäuschung sie verlassen zu haben, und mit dem Ausrufe: „Zu spät; er ist doch todt!" brach sie leblos zusammen.

Hier fand sie Bernardin de Saint Pierre, der auf den Ruf des Postboten herbeigeeilt war. Er ließ sie auf ihr Lager tragen und bat die Frauen, sich um sie zu bemühen, während er selbst zu ihrem persönlichen Freunde, dem Doctor Gay, eilte, um ihr ohne Verzögern Hülfe zu bringen; denn diese dem Tode ähnliche Ohnmacht, in die sich ihre vor Aufregung erschöpfte Natur geflüchtet, ließ ihn das Schlimmste für sie besorgen.

Zehntes Kapitel.

Reue ohne Sühne.

Die Mission eines Arztes in unseren Tagen ist die geworden, welche in früherer Zeit der Priester in der Familie einnahm. Er soll Rath, Trost, Hülfe ertheilen, soll mit dem Leben versöhnen und das Gemüth beruhigen und schließlich erst dem Körper aufhelfen, die Sünden des Geistes tragen zu können; denn die Kirche hat aufgehört dies Vermittleramt zu üben; kalt, starr, gleichgültig steht sie da, ein Monument vergangener Zeiten, das außer seinem Dogma kein lebensvolles Princip mehr in sich trägt. —

Juliane, ähnlich wie Bürger's „Leonore," schrie, sowie sie erwachte einen Schmerz aus, den die Qualen des Gewissens noch tausendfach bitterer werden ließen, und ihre innere Stimme rief ihr dabei nicht einmal zu: „Mache wieder gut, bereue, zeige durch Thaten, daß Du Dein Unrecht erkennst; denn so nur findest Du den Frieden!"

Sie betete freilich viel; aber sie grollte zugleich und nicht mit sich; sondern ihr Schicksal klagte sie an. Sie zürnte dem Himmel, ihr nicht die Zeit gelassen zu haben, um ihre guten Absichten ausführen zu können, und begriff nicht, wie sie so blind zu sein vermocht, den edelsten, den besten der Männer zu verkennen, und wie sie ihr Glück nicht darin zu finden verstanden, für das seinige thätig zu leben. Warum mußte sie das jetzt einsehen, und warum sah sie es nicht früher schon ein? Wie hatte der Lenker der Welt so grausam mit ihr verfahren können? —

Der Doctor Gay, den sie in Paris häufig als Gast bei sich gesehen, weil er mehr den bel-esprit als den Arzt spielte und die Philanthropie der Encyclopädisten mitmachte, saß nun am Lager dieser von Reue gepeinigten Frau und sann auf ein Universalmittel, um damit die Pein gerechter Selbstvorwürfe zu stillen. Doch aus welchem Quell den kühlenden Tropfen schöpfen, wenn nicht aus dem des Glaubens: — es sei alles Lohn der wohlverdienten That? —

„Womit Du gesündigt, damit wirst Du gestraft," sagt die Bibel; und die Homöopathie lehrt: was das Uebel hervorgebracht, das allein sei es zu heilen geeignet. Ungefähr in diesem Sinne fiel also auch seine Methode aus.

„Sie müssen sich zerstreuen!" sagte er. „Es ist Ihre Pflicht als Mutter, sich dem Leben zu erhalten und Ihre Tochter in die Welt zu führen, damit sie sich einen Gatten wählen könne. Indem Sie sich Ihrem Schmerze hingeben, vermehren Sie Ihr Uebel noch und entziehen Ihrem Kinde Vater und Mutter zugleich. Wer weiß, wie lange Zeit Ihnen zu leben gestattet ist; benutzen Sie also die Frist, um Ihre Tochter zu versorgen."

Ermahnungen in diesem Sinne prallten wohl Anfangs ungehört an ihrem Ohre ab; doch nach wenigen Monden schon, der ewig sich wiederholenden Selbstanklage müde, wurde sie aufmerksamer auf den Strohhalm, den er ihr bot, und lauschte, wenn auch noch mit Unlust, auf seine Worte.

„Ja, ich muß etwas thun, diesem Zustande ein Ende zu machen," sagte sie seufzend; allein es geschah dennoch nichts, und in nutzlosem Hinbrüten vergingen ihre Tage.

„Sie muß fort!" sagte der Arzt zu Herrn von St. Pierre. „Wechsel des Ortes ist die einzige Arzenei für sie." Frau von Pelleport, die Schwiegermutter des Dichters, erbot sich die Leidende zu begleiten. Alle Anstalten zur Abreise wurden nun von den Freunden für sie getroffen, und als der Reisewagen vor der Thüre stand, ließ sich die Unglückliche willenlos bereden, einzusteigen und dahin zu gehen, wo es für sie am besten sei. Man kannte ihre Vorliebe für die Schweiz und erwartete viel von einem Wiedersehen ihrer Freundin, Madame Armand. Ihr Weg führte über Lyon, wo man einige Tage rasten wollte, damit die weite Reise die auch körperlich Leidende nicht zu sehr erschöpfe. Hier sah sie nun auch ihren Freund Vallin wieder, der jedoch die in tiefe Trauer Gehüllte nicht an die Verheißungen früherer Tage zu mahnen wagte. —

Die Schönheit der Stadt bezauberte ihr Auge. Von den Höhen des Fourvières herabschauend auf die sich vereinigenden Saône und Rhône, vergoß ihr Auge Thränen des Entzückens, und als nun im Abendglühen der untergehenden Sonne das Haupt des Montblanc rosenroth aus den Wolken auftauchte, da breitete sie die Arme sehnsüchtig nach den fernen Bergen aus und rief: „Dort, dort, wird mir wieder wohl werden! Am Fuße der Alpen werde ich neu erstarken. Dort winkt mir der Frieden und das Glück!"

Mit wahrer Sehnsucht setzte sie nun ihre Reise fort, Monsieur Vallin auf ihre Rückkunft vertröstend, sobald ihr Schmerz sich mehr beschwichtigt habe. „Und Mademoiselle Juliette," fragte er das liebliche Mädchen, „auch sie zieht es vor Lyon zu verlassen?"

„Ich gehe dahin, wohin meine Mutter geht," erwiderte diese, die Lider senkend, „und werde mich nie von ihr trennen."

Er sah Juliane hierauf fragend an; allein ihr Auge beruhigte ihn, dies nie nicht zu ernst zu deuten.

So zogen sie denn den Schweizerbergen entgegen und erreichten nach Verlauf weniger Tage die unvergleichlich schönen Ufer des Genfer See's. Da Juliane die Einsamkeit suchte, so nahm sie ihren Aufenthalt in dem Dörfchen Nion, unweit Coppet, und beschied ihre Freundin dorthin zu dem jetzt heiß ersehnten Wiedersehen. Madame Armand allein kannte ihre ganze Vergangenheit und sie allein auch konnte beurtheilen, mit welcher Geduld und welcher Langmuth Herr von Krüdener die Launen einer Frau ertragen, welche das Glück nicht an seiner Seite fand; doch, wie sie auch suchte, es anderweitig eben so wenig zu erspähen vermochte; denn auf der großen Heerstraße des Lebens blüht am wenigsten das kleine Wunderhold der inneren Zufriedenheit.

In die tiefste Wittwentrauer gehüllt, das blonde Haar unter einer schwarzen Schneppe versteckt, trat sie ihrer Freundin bleich und ernst entgegen. Die Mar-

quise von Pelleport war im Zimmer gegenwärtig
und ebenso ihre Tochter; so lange diese anwesend,
blieb sie still und stumm. Sowie sie sich aber mit
Madame Armand allein sah, brachen alle Schleusen
ihres Schmerzes los und die Pein ihrer Gewissensqua-
len erleichterte sich durch eine verzweiflungsvolle Selbstanklage.

„Wüßte ich nur wenigstens, daß er mich hörte!"
rief sie schluchzend aus. „Daß er meinen Kummer sähe!
Daß er sich von der Aufrichtigkeit meiner Reue über-
zeugte! Aber sterben zu müssen, mit dem Groll im
Herzen, daß ich ihn verlassen, daß ich ihm heimlich entflohen und das ihm so theure Kind mit mir genommen,
dessen Lächeln stets Sonnenschein für ihn war; daß wir
nicht an seinem Krankenlager gestanden, er mir nicht
verziehen, seine Juliette nicht gesegnet, ach! chère amie,
dieser Gedanke ist fürchterlich, — ist Hölle! Ja, es
giebt einen gerechten Gott dort oben, das erfahre ich
jetzt an mir. Es giebt einen Richter unserer Thaten;
denn ich bin gerichtet! Was auch ein weltliches Gesetz
über einen Verbrecher verhängen möge, gelinde wird
seine herbste Strafe im Vergleich zu dem sein, was ich
in diesen letzten Monden gelitten! — Und wenn ich mir
nun denken müßte, daß diese Pein durch alle Zeit und

Ewigkeit mein Loos wäre, dann — müßte ich verzweifeln! — Fort, fort, Ihr Gedanken! möchte ich rufen! Fort Bewußtsein! Fort Alles! was Geist und Seele heißt! Tod, ewiger Tod! Tod ohne Erwachen, ohne Rückkehr zu mir selbst, Tod, ohne Auferstehung! Das allein könnte mich retten!"

Sie brach erschöpft zusammen.

Dies Aussprechen ihrer innersten Empfindungen erleichterte ihren Kummer bedeutend, und als Madame Armand ihr darauf die Briefe des Verstorbenen nacheinander vorlas und sie durch alle gehend den rothen Faden seiner Nachsicht und Vergebung fand; da netzte endlich der Thau milder Thränen ihr Auge, eine tiefe Wehmuth trat an die Stelle ihres wilden Schmerzes, und die Erinnerung an den Verstorbenen wurde zu einem Cultus ihres Herzens. Wie man die Heiligen anruft, so betete sie endlich zu ihm.

Spazierfahrten auf dem See, weite Promenaden über die Berge, erstärkten ihre Gesundheit und führten ihrem Auge andere Bilder vor, die sie den Gedanken an sich selbst entzogen; doch Ruhe des Gewissens gaben sie ihr nicht für ihre stillen Stunden, für die Nacht mit den Träumen des oft unterbrochenen Schlummers, für den Morgen und den Abend, mit dem ersten Erwachen,

und dem Abschließen des Tages durch ein Gebet, das
die Seele der Allmacht empfiehlt. —

Besuche machte sie nicht und empfing sie nicht. Ihre
Trauer um einen Gatten, von dem sie den größten Theil
ihres Lebens getrennt gelebt, hätte nur Mißdeutungen
erfahren können, das empfand sie ganz wohl; mochte
man also ihre Zurückgezogenheit als eine der Convenienz
schuldige Rücksicht betrachten, so lange sie das schwarze
Gewand beibehielt. —

Mit Frau von Stael traf sie eines Tages zufällig
in Ferney zusammen. Auch Jene trug die Wittwentrauer; doch ihr Herz litt dabei nicht, und sie zeigte der
Welt keine Miene, die nicht der Wahrheit Stempel getragen. Heiter schritt sie der Bekannten entgegen. —

„Müssen wir uns hier treffen, auf diesem classischen
Boden!" rief sie sie an; „Beide wahrscheinlich hergeführt
durch den Cultus des Genius, der hier achtzehn Jahre
seines wunderbaren Lebens zugebracht, treffen wir uns
überdem auch noch in gleicher Lage. Beide frei! Beide
in dem glücklichen Verhältniß die Hand auf's Neue ver-
schenken zu können und diesmal auch das Herz mit in
den Kauf geben zu dürfen. Ach! Meine liebe Baronin,
welch' ein beglückendes Gefühl ist doch dies Wieder-

gewinnen aller Rechte über seine Person, selbst wo man
diese Rechte sich gewahrt, wie wir es gethan."

Juliane konnte in diesen Ton nicht einstimmen. Sie
beneidete auf's Neue diese Frau und zwar dies Mal ihres
guten Gewissens halber. Während sie den vortrefflichsten
aller Menschen einsam sterben lassen, hatte jene dem un-
würdigen Manne das Leben zu erhalten versucht und mit
ihm Paris in einem Augenblicke verlassen, wo es ihr die
beste Unterhaltung bot. Sie gönnte ihr dies Bewußtsein
weniger noch, wie ihren literarischen Ruhm, und war im
Begriff, eine bittere Empfindung laut werden zu lassen,
als zum Glücke Benjamin Constant aus dem Gebüsche
hervortrat.

„Ah! Madame la Baronne de Krüdener!" rief
er erstaunt. „Sie hier! Wie das Manna in der Wüste
auf unsern Weg gefallen! Glücklicher Sterblicher, der
Ihnen verehrungsvoll die Hand küssen darf!"

„Wir haben heute noch von Ihnen gesprochen," fuhr
er fort. „Wir lasen die Correcturbogen der „Delphine"
und kamen an das Kapitel vom Shawltanze, der uns
den uns von Ihnen gewährten Genuß vergegenwärtigte.
Sie werden zufrieden sein mit der Beschreibung!"

„So ist das Buch vollendet?" fragte Juliane mit
einem Antheile, wie sie ihn lange an nichts mehr gezeigt.

„Vollendet und wird in wenigen Tagen ausgegeben, um ganz Paris davon reden zu machen; denn es sind Dinge darin, Dinge, die den ersten Consul auf das Lebhafteste interessiren werden. Madame de Staël gedenkt selbst nach der Hauptstadt zu gehen, um den Erfolg mit zu erleben."

„Wenn es mir anders gestattet ist," fiel diese ein.

„Wird Ihnen denn der erste Kriegsheld von Europa wohl die Ehre erweisen, öffentlich zu bekennen, daß er Sie fürchte?" fragte Constant. „Unmöglich! Es ist nicht daran zu denken. Wie können Sie nur so eitel sein, sich das durchaus einbilden zu wollen?"

„Wahrhaftig, Constant, ich glaube, Sie könnten mir ein solches Unglück noch beneiden, wegen seiner Notorietät; vive l'ambition des hommes!" erwiderte Frau von Staël lachend.

„Nun, in der That, wer da wünscht, daß alle Welt seinen Namen im Munde führe, könnte kein besseres Mittel dazu wählen, als von Napoleon verbannt zu werden," erwiderte Constant versichernd.

„Das bestreite ich gar nicht; allein für mich hat das keinen Werth, weil ich nur den Ruhm begehre, der von dem Herzen mitempfunden wird; man soll mich lieben,

voilà tout," sagte Frau von Staël und warf ihm einen
Blick ihres leuchtenden Auges zu, den er verstand.
Juliane hatte dem Gespräche mit wechselnden Empfindungen zugehört. „Delphine" sollte nun also doch
vor ihrer „Valérie" erscheinen!
„Sie werden den Winter hier zubringen?" fragte sie
Constant.
„Ich weiß es noch nicht," versetzte Juliane und sah
dazu, wie fragend, die Berge an, deren Größe sie jetzt
fast ärgerte. „Ich werde vielleicht meine Mutter besuchen. Man sehnt sich, wenn man allein steht, nach Schutz."
„Gleich der Wittwe von Ephesus," gab Constant
boshaft zurück; doch zum Glücke verstand sie den Sinn
dieser Anspielung nicht.
Sie schieden bald darauf und Juliane kehrte zerstreut
und in sich gekehrt nach ihrem Landsitze zurück. Noch vor
dem Schlafengehen schrieb sie einen langen Brief an den
Doctor Gay und forderte ihn auf, sie in Rion zu besuchen.
„Ich bewohne hier einen bezaubernden Ort," sagte
„sie ihm," und befriedige damit die Leidenschaft meiner
„Seele, die Stille des Landlebens zu genießen. Der
„See, Weinberge, eines Theocrit oder Virgil würdig,
„alte Bäume, ein bequemes Haus, lachende Felder,
„dies macht meinen Wohnort aus. Ihr Gemach zu

„schmücken wird meine eigene Sorge sein. Es soll
„gegenüber dem Montblanc liegen. Sie werden vor
„Ihrem Fenster den herrlichen grünen Rasen und dar-
„über hinaus die Wellen des schönen See's erblicken,
„die Sie so angenehm zu träumerischem Sinnen ein-
„laden. Sie haben mir versprochen zu kommen, und
„ich rechne darauf, daß Sie Ihr Wort halten. Die
„Jahreszeit ist noch so schön; wir werden Ausflüge
„machen, Sie zu zerstreuen. Die Reise hieher ist nicht
„kostbar, sie wird Sie nicht ruiniren. Auf Ihre Pra-
„xis sind Sie überdem nicht angewiesen zu Ihrem
„Unterhalte, und hier können Sie mir nützlich sein und
„damit auch der Welt. Gefällt es Ihnen, so bleiben
„Sie so lange Sie wollen. Meine Geldangelegen-
„heiten gestalten sich so glücklich, daß ich einem Freunde,
„wie Sie, eine Existenz bieten kann; denn der Kaiser
„bezahlt alle Schulden meines seligen Mannes, und
„das mir nachgelassene Landgut nebst meinem eigenen
„Besitzthum sichert mir ein reichliches Auskommen.
„Also Ja oder Nein, mit der Offenheit eines Freun-
„des, wie Sie es mir sind."

Diese plötzliche, dringende Einladung entsprang dem
Bedürfniß seiner Gegenwart, um ihr beizustehen, eine
letzte Feile an die Vollendung ihrer „Valérie" zu legen,

die nun wieder so viele Monate, wie vergessen, geruht. Sie bedurfte dazu eines männlichen Freundes, der ganz zu ihren Diensten stand, und diesen hoffte sie in dem Doctor Gay zu finden, dem ihre Protection wiederum den Zutritt zu Kreisen verschaffte, die dem eitlen Manne sonst verschlossen waren.

Indessen fiel ihm die Trennung von Paris doch zu schwer, um ihr das gehoffte Ja zu senden, und enttäuscht blickte sie auf den Brief herab, der ihr diese unwillkommene Kunde gebracht.

Wen durfte sie, nach ihm, mit gleichem Rechte zu diesem Freundschaftsdienste auffordern?

Ballin. Ja, Ballin war der Einzige noch, dem sie ein hinreichendes Interesse an ihrer Person zutraute, um ihrem Ruhme seine Zeit zu widmem und mühsam jeden Satz in ihrem Buche noch einmal sorgfältig mit ihr durchzugehen. Sie mußte nach Lyon zurückkehren, von dort aus die Herausgabe leiten und die Correctur besorgen.

Innerlich mit ihrer „Valérie" eng verbunden, gewährte es ihr, in ihrer jetzigen Stimmung, ein großes Vergnügen, sich mit einer Zeit ihres Lebens zu beschäftigen, die ihr jetzt wie ein fern liegendes Paradies vorschwebte, und, wie das bei biegsamen Naturen der Fall ist, die stets das werden, wozu der Augenblick sie macht;

so auch diente dieses fortwährende Vertiefen in diesen
unschuldigen Roman ihrer Jugendjahre nur dazu, sie
selbst wieder dahin zurückzuversetzen und sie endlich ganz
wieder so denken und empfinden zu lehren, wie sie es
bei ihrem Eintritt in das Leben gethan.

Ein Spielwerk dieser Eindrücke, lächelte sie, wie sie
damals zu lächeln gepflegt, wenn sie mit Monsieur
Alexandre eine Gondel bestiegen, oder den Seehelden mit
den wasserblauen Augen zu ihren Füßen gesehen, und
ließ einpacken, um nach Lyon zurückzukehren.

Frau von Pelleport vernahm mit einigem Staunen
diesen Wechsel ihres Entschlusses, wie sie schon manch-
mal der Wechsel ihrer Stimmungen überrascht, bei denen
Lachen und Weinen nur durch eine zarte Linie geschieden,
in jeder Minute mit einem Uebergange drohte.

Madame Armand kannte jetzt seit zu lange schon
das Naturell ihrer Freundin, um eine Bemerkung zu
wagen, und Juliette hing in blinder Zuneigung ihrer
Mutter an, hieß also gut, was diese that, ohne zu prüfen, welcher Ursache ihr Entschluß zuzuschreiben sei.

„Wann werden wir uns wiedersehen?" fragte Madame Armand gedankenvoll, als sie den Diener packen
sah, als habe seine Herrin die größte Eile abzureisen.

„Und mehr noch: wie werden wir uns wiedersehen?" fügte sie mit Betonung hinzu.

Juliane richtete ihr Auge traurig und fragend auf sie.

„Das „Wann" wird meine Sehnsucht nach Ihnen in nicht zu ferner Zeit herbeiführen; das „Wie" muß ich unbeantwortet lassen, bis ich weiß, auf was Sie es beziehen."

„Wenn ich aufrichtig sein darf, so will ich Ihnen gestehen, daß ich Ihre beschleunigte Rückkehr nach Lyon mit Vallin in Verbindung bringe, und ich kann es nur billigen, daß Sie jetzt, wo Sie frei sind, eine Wahl aus Neigung treffen."

„Sie glauben, daß ich mich verheirathen will, und mit ihm?"

„Ich glaube es nicht nur; ich wünsche es auch."

Juliane seufzte.

Nachdem sie eine Weile sinnend vor sich hingeblickt, erwiderte sie:

„Es ist leider nicht möglich. Mein Herz sehnt sich freilich nach einem Gegenstande, der es ganz ausfülle; doch glaube ich nicht, daß mich irgend ein Mann so zu lieben versteht, wie ich geliebt sein möchte, — so ganz und über Alles. — Die Männer haben beständig einen Nebengedanken. Keiner will ja einzig nur für mich da sein, und das ist es doch, was ich begehre. Sie sind zu große Egoisten dazu. Dem Vicomte von Chateaubriand glaubte ich sehr werth zu sein; denn er gefiel sich lange Zeit nur in meiner Gesellschaft; sowie er aber vor der Welt als mein Beschützer aufstehen sollte, da trat er feig zurück. Das hat mich tief verletzt. Der Doctor Gay — Sie wissen es — lehnte meine Einladung hierherzukommen ab, weil er sich in Paris zu gut amüsirte. Ballin — interessirt sich für meine Juliette, und kann er des Kindes Neigung gewinnen, so gebe ich sie ihm gern; denn er ist mir ein werther Freund, der sich treuer noch erwiesen, wie viele Andere."

„Dann rathe ich Ihnen, erst wohl zu prüfen, ob seine Neigung für die Mutter ihn nicht die Tochter suchen ließ."

„Sie meinen das im Ernste?" fragte Juliane, während alles Blut in ihre Wangen fuhr.

„Ich bin davon überzeugt. Sie waren in jener Zeit noch zu jung und anziehend, als daß ein Mann — der alte Becker ausgenommen, — in so naher, vertraulicher Beziehung zu Ihnen stehen konnte, ohne daß fein Herz sich für Sie erwärmte. Ich habe Ihnen oft gesagt, wie gefährlich es sei, getrennt von Ihrem Gatten Ihr Haus so gastfrei zu öffnen, und Sie haben erfahren müssen, wie schlimm die Welt dafür Sie beurtheilte. Jetzt nun wird man Sie noch strenger richten."

Ende des ersten Bandes zweite Abtheilung.

Inhalt des ersten Bandes.

Zweite Abtheilung:

	Seite
Die Unterlassungssünden	1
Die innere Mission	22
Eine Russische Nacht	45
Das Badeleben in Teplitz 1801	65
Wie die Liebe entsteht	85
Das Fest in Coppet bei Frau von Staël	111
Ein Diner in Paris	134
Der Bruch mit Chateaubriand	148
Die Todesnachricht	161
Reue ohne Sühne	175

www.ingramcontent.com/pod-product-compliance
Lightning Source LLC
Chambersburg PA
CBHW032135160426
43197CB00008B/652